Dropshipping-Millionär dank Mindestlohn

Inhaltsverzeichnis

Vorwort

Du hältst gerade mein fünftes Buch in Händen. Stopp, warum Du und nicht Sie?

Sagen wir es einmal so. Stell dir vor, „Sie" lächelt herzlich. „Hallo, ich bin Fabian. Geht es dir gut?" Fabian ist kein Freund und auch kein gleichaltriger Bekannter von dir. Aber das ist auch gar nicht nötig, denn was deutschen Gewohnheiten widerstreben mag, ist in Spanien ganz normal. Spanien, hier lebe ich mit meiner Frau Jasmin seit über einem Jahr. Hier wird geduzt, wo es nur geht: im Restaurant, in der Bank, beim Arzt, im Büro oder beim Workshop. So ist es im Alltag, das fällt auf Mallorca besonders den deutschen Neuankömmlingen auf. Ähnlich wie auf unserem YouTube-Kanal ist das gewiss keine Respektlosigkeit. Im Gegenteil: Ich habe oft das Gefühl, dass sich die Spanier unwohl fühlen, wenn sie gesiezt werden. Das erzeugt einen Abstand, der ihnen unangenehm ist. Übrigens, das spanische „tú" ist rein grammatikalisch betrachtet mit dem deutschen „du" gleichzusetzen. Aber: Wenn du es als angenehmer empfindest, gesiezt zu werden, dann sag einfach Bescheid – schließlich bist du – äh, sorry – sind Sie im Mittelpunkt unseres Wirkens. Nur im vorliegenden Buch könnte das mit dem Sie kompliziert werden, denn alle Inhalte sind bereits – wer hätte das gedacht – gedruckt. Naja, wir können ja immer noch förmlich einen Workshop halten oder telefonieren.

Zum vorliegenden Dropshipping-Manuskript solltest du vorab wissen: Gewissermaßen war ich schon zur Hälfte mit dem Schreiben fertig, da fing ich wieder von vorne an. Hintergrund war, dass ich mitten beim Verfassen

4

meines fünften Buches war. Darin sollte es um Angstbewältigung gehen. Darum wird es gewiss auch hier gehen, in Auszügen versteht sich. Existenzangst und deren Überwindung als Beispiel. Dennoch habe ich mir vorgenommen: Im kommenden Buch Nummer sechs werde ich der Angst bzw. dem Besiegen der Angst mehr Raum bieten – ganz wie geplant. Doch warum habe ich meine Prioritäten geändert? Im Rahmen meiner wöchentlichen YouTube-Videos bin ich ständig auf der Suche nach neuem Input. So kam es, dass ich auf die Bücher zum Thema Dropshipping aufmerksam wurde. Ich habe viele von ihnen bei Amazon gekauft. Mir auf die Insel, auf der ich lebe, senden lassen. Auspacken, Vorfreude – Enttäuschung. Die Bücher, nein, das Wort Buch haben sie allesamt nicht verdient. Im entsprechenden Video auf YouTube habe ich bereits darüber berichtet. Es kann sich jeder, auch du, davon überzeugen. Ganz objektiv. Viele leere Seiten, mehrheitlich hauchdünn und dann nur oberflächliches „Wissen" darin. Als Experte schlechthin auf dem Gebiet Versandhandel und Dropshipping beschloss ich: Das muss ich ändern! Darum hältst du dieses Buch in Händen. Es hat den Anspruch, als Standardwerk für die Dropshipping-Branche zu gelten. Nach zwölf Jahren Praxiserfahrung kann ich dir eine Menge an Wissen vermitteln. Also beginnen wir doch direkt damit, deine Sichtweise zu erweitern. Wusstest du, dass du garantiert Millionär werden wirst? Keine Floskel, der Name des Buches ist Programm. Ich beweise dir jetzt gleich auch, warum dem so ist. Garantiert!

Rechnen wir kurz nach, wie ich zu dieser Aussage komme. Es gibt ja gerade diesen Mindestlohn, der immer etwas steigen soll. Aber selbst, wenn wir von den obligatorischen 8,50 Euro ausgehen, geht die Rechnung auf. So gesehen, alles in Butter, denn weniger kannst du gar nicht verdienen. Es sei denn, du bist selbstständig und du berechnest deinen tatsächlichen Stundenlohn. Ich habe das einmal vor Jahren gemacht, ich war bei – wirklich – runden 1,22 Euro in der Stunde. Heute wäre das verboten, dem Mindestlohn sei Dank. Ach ne, wenn du selbst und ständig bist, kommst du nicht in diesen Genuss. Aber als Arbeitnehmer bist du garantierter Millionär, warum ein Risiko eingehen? Warum dann überhaupt mit Dropshipping anfangen? Dazu später mehr, denn ich hoffe, du schaffst es locker, eine höhere Rendite zu erzielen. Heute liegt mein Tagesumsatz bei rund 3.500 Euro – bei acht Stunden am Tag sind das 437,50 Euro pro Stunde. Und auch, wenn ich einmal Tag und Nacht arbeiten würde, so wären es immer noch 145,83 Euro – netto. Also egal, welchen Job du dir im Leben suchst, schaffst du gut und gerne, zumindest im Durchschnitt über 45 Jahre hinweg, einen Stundenlohn von 9,26 Euro, das sind runde 1.850 Euro im Monat. Klar traust du dir mehr zu als 8,50 bis 9,00 Euro die Stunde. Und außerdem wirst du obendrein wesentlich länger arbeiten als 45 Jahre, weil wir sonst die Renten nicht zusammenkratzen können. Aber auch, wenn du bereits nach 45 Jahren in Rente gehen würdest, hast du hochgerechnet schon eine Million im Leben verdient! Und wenn dir dein Job so gar keinen Spaß macht, dann nimm doch den Spanier Joaquin G. als Vorbild. Er war Beamter und erschien sechs Jahre lang nicht zur Arbeit! Echt krass, oder? Aber das Beste kommt erst noch, er hat stets brav sein Gehalt bezogen! Geld verdienen im Schlaf hat somit eine völlig neue Bedeutung. Der Behörde war seine Abwesenheit nie aufgefallen. Erst als die Stadtverwaltung von Cadiz ihm für seine 20 Dienstjahre eine Plakette überreichen wollte und er nicht da war, dämmerte es langsam. Also notieren wir: Einkommensmillionär bist du mühelos, die Zeit richtet es! Die Frage ist jetzt nur, ob du es dabei belassen oder ob du mehr erreichen willst! Ich selbst war noch keinen Tag arbeitslos. Ich habe noch keinen Cent vom Amt bezogen, auch dann nicht, wenn ich es hätte beantragen können. Ich wollte mich einfach nie mit dem Gedanken belasten. Du erreichst das, was du dir vornimmst, darum ist mein Lebensmotto stets: „Die Treppe wird von oben gekehrt", ich denke ständig in höheren Sphären. Auch dann, wenn etwas nicht nach Plan verläuft. Fakt ist, manche verdienen eine Million im Jahr, andere eine Million in der Stunde und andere binnen 45 Jahren, wie wir gesehen haben. Und das Gute ist, zu einer dieser drei Gruppen zählst auch du. Bereits hier und heute. Der deutschstämmige, in den USA geborene Donald Trump hielt einmal einen einstündigen Vortrag – für eine Million Dollar! Und dies war lange, bevor er Präsident der Vereinigten Staaten wurde! Dass ich Trump aufgrund seiner Stehauf-Mentalität bewundere, habe ich in vielen meiner Bücher bereits niedergeschrieben. Der Satz für eine Minute war hier 16.666 Dollar. Selbst das Husten auf der Bühne war somit gut 300 Dollar wert. Wir müssen also anerkennen, es geht recht viel! Und wenn ich solche Größenordnungen vergleiche, dann sehe ich auch in meinem Leben, da geht noch mehr, und das treibt mich an.

Dropshipping bietet dir die Möglichkeit, ein skalierbares Business aufzubauen. Es bedarf keines Wareneinkaufs. Du kannst also von deinem Wohnzimmer aus ein weltweit operierendes Business aufbauen. Das ist keine Floskel, ich lebe auf einer Insel und arbeite von meinem Sofa aus. Wenn es mir zu heiß wird, drehe ich eine Runde im Pool oder im Meer und dann checke ich ein paar E-Mails oder tätige einige Anrufe. Und genau dies kannst auch du! Bill Gates bekommt täglich über 10 Millionen Dollar als Zinsen aus seinem Vermögen von 80 Milliarden. Das sind pro Atemzug über 500 Euro, Tag und Nacht. Trump und Gates hatten einen Nachteil, sie mussten ein „echtes Unternehmen" aufbauen. Mit Mitarbeitern und Büros und all den Ausgaben und Risiken. Du benötigst dies nicht, warum also solltest du dir dann nicht ein noch größeres Ziel setzen? Was hindert dich daran? Die Startbedingungen für ein erfolgreiches und ortsunabhängiges Business waren nie besser als im Jahr 2018! Und ganz unabhängig von Dollar, Euro und Millionen oder Milliarden: In so einem Leben, wie du es gerade lebst, kannst du etwas erreichen. Bedenk bitte immer, dass du die Prioritäten im Leben setzt. Wenn du keine Zeit hast, dein Dropship-Biz aufzubauen, dann nur, weil du falsche Prioritäten setzt. Ich erklär dir dies in einem späteren Kapitel genauer, aber für den Moment bedenk einfach nur folgendes:

Die scheinbare Wichtigkeit und die Komplexität einer Aufgabe werden sich in genau dem Maß ausdehnen, wie Zeit für ihre Erledigung zur Verfügung steht. Das gilt für dich genauso wie für Einkommensmillionäre in 45 Jahren. Auf magische Weise hat eine bevorstehende Deadline Einfluss darauf, wie lange wir brauchen, um die Aufgabe, die sich vor dieser Deadline befindet, zu erfüllen. Das Ganze fußt auf dem Parkinsonschen Gesetz! Und gerade, weil du Prioritäten setzen musst, lass dir bitte nicht einreden, Dropshipping sei nur ein Trend. Keiner könne damit ein Geld verdienen. Ich glaube, dass alle, die dir solche Ratschläge geben, von sich sprechen. Aber jeder kann selbst das Zepter in die Hand nehmen!

Dropshipping gibt es schon immer: kein Trend!

Ich habe diese Geschichte bereits einmal geschrieben, zuletzt in meinem Buch „Im Prinzip einfach Amazon", es geht um den Versandhandelsbeginn. Nach meiner Recherche war dieser im Jahre 1681. Ein Pariser Buchhändler setzte die Erfolgsgeschichte, von der du heute, 2018, profitieren wirst, in Gang! Den Handel – ohne Versand, wenn man so möchte – gibt es noch länger, seit Menschengedenken wurde gehandelt. Kuh gegen Edelsteine und so weiter. Ein Trend ist daher Dropshipping garantiert nicht. Letztlich haben Hersteller schon eh und je Lieferungen an Endkunden gesendet. Es mag nicht immer Streckenversand oder Dropshipping geheißen haben, aber das Geschäftsmodell ist nicht neu. Es ist kein kurzweiliger Trend. Unglaublich, aber wahr, selbst heute gibt es noch Händler, die nicht wissen, dass sie sozusagen Dropshipping machen. Dies ist auch der Grund, warum du gute Lieferanten nicht im Internet unter einer Googlesuche wie „Dropshipping Lieferant" finden wirst! Die besten Diamanten müssen erst noch geschliffen und zuvor zutage gefördert werden. In einem späteren Kapitel zeige ich dir, wie du solche ausgewählte Kontakte dennoch finden wirst. Du brauchst nicht viel, um Erfolg zu haben. Doch die Voraussetzungen sind heute deutlich skalierbarer als 1681. Seinerzeit sind genau sechs Spezialkataloge im Format 19 auf 12 Zentimeter mit Bücherangeboten verschickt worden. Der Versand von Büchern hat sich daraufhin schnell etabliert. Ab Mitte des 18. Jahrhunderts wurden in Frankreich auch Damenmoden, Musikinstrumente, Werkzeuge, Apothekerwaren, Blumenzwiebeln und Lebensmittel versendet. Amazon mit seinem Pantry-Angebot ist daher nichts anderes als eine Kopie des Angebots aus dem 18. Jahrhundert. Ja, die Namen ändern sich. Aber das System funktioniert bereits seit eh und je. Seit Beginn des 19. Jahrhunderts gibt es illustrierte Prospekte samt Preislisten. Das Pariser „Grands Magasins du Tapis Rouge" bot 1864 in seinem Katalog ein warenhausähnliches Sortiment an. Damit begann die Geschichte des Universalversandhauses! 24 Jahre später baute Richard Warren Sears, der Gründer des Versandhauses „Sears, Roebuck & Co." den Versandhandel zum Massengeschäft aus. Sein Motto lautete schlicht: „Alles, was verpackt werden kann, können wir liefern." Niels Lund Chrestensen war 1872 in Deutschland der Erste, der seine Produkte über die Post an seine Kunden ausliefern ließ. Wenn es den Versandhandel und den Warenhandel schon so lange gibt, dann kann Dropshipping nicht neu sein. Denn auch damals gab es „Direktlieferungen" und Sammelbestellungen. Und nur, weil Pferdekutschen durch Drohnen ersetzt wurden, bedeutet dies nicht, dass Dropshipping erst seit Bestehen von AliExpress und Shopify existiert. Wenn du die Foren, YouTube und Google durchstreifst, kannst du genau diesen Eindruck vermittelt bekommen. Und gerade dies ist der Grund, warum ich mich entschieden habe, für Aufklärung zu sorgen.

Big Data zum Upselling

Als ich vor über einem Jahrzehnt mit Dropshipping begonnen hatte, gab es vieles noch nicht. Facebook Ads – unbekannt. Google AdWords in seiner Komplexität von heute – unbekannt. Das ganze AliExpress-Thema – unbekannt. Ich musste vieles manuell machen, was heute per Knopfdruck funktioniert. Der Schlüssel liegt im Einsatz von Business Analytics bzw. Big Data Analytics. Ich werde dir daher jetzt zeigen, wie auch du clever Daten kombinieren kannst und somit mehr aus jedem Kunden herausholen kannst! Dabei ist es egal, mit welchem Shopsystem du arbeitest oder auf welcher Plattform du verkaufst. Wichtig ist, dass du offen dafür bist, Neues auszuprobieren! Und das Beste: Es bedarf kaum eines Kapitals! Es bedarf keines Mitarbeiters oder Bürogebäudes. Es genügt ein PC mit Internetanschluss und eine bequeme Couch. Vor allem der Traum von Marketingexperten: „Den Kunden kennen, den Kunden verstehen" rückt durch den Einsatz von Big Data in den Bereich des Machbaren. Der mehrfach zitierte Fall einer Supermarktkette, die anhand von Mustern beim Verkauf von Produkten herausfinden konnte, welche ihrer Kundinnen schwanger war, mag Belustigung oder Kopfschütteln auslösen. Dabei zeigen Unternehmen wie Google, Amazon, Facebook, LinkedIn und Netflix, wo die enormen Potenziale von Big Data liegen. Netflix entwickelt komplette, sehr erfolgreiche TV-Formate auf der Basis von Big Data Analytics. Sie haben dank ausgefeilter Analyse eine sehr gute Kundenansprache, sind dadurch schneller und können ihre Wettbewerber zum Teil weit hinter sich lassen. Davon können Wirtschaft, Wissenschaft und Verwaltung lernen. Viele haben bereits verschiedene

Big-Data-Projekte initiiert, werten die Ergebnisse jetzt aus und entwickeln ihre Projekte anhand valider Daten weiter. Genau das kannst auch du. Machen wir es konkret: Dank heutiger Software kannst du gleiche Artikel synchron auf vielen Plattformen verkaufen. Wenn du wissen möchtest, wo du überhaupt verkaufen kannst, hier kommt eine Übersicht möglicher Absatzkanäle für dein Business. Im Anschluss zeige ich dir, wie du die Daten aus diesen Verkäufen für viel mehr Umsatz nutzen kannst – ohne Personal und mit maximaler Automatisierung:

Amazon:
Ziel von Amazon.com ist es, das kundenzentrierteste Unternehmen der Welt zu sein, bei dem Kunden alles finden, was sie online kaufen wollen. Hunderttausende weltweit führende Marken und Privatverkäufer können hier ihre Umsätze erhöhen.

eBay:
Der weltweite eBay-Marktplatz wird heute von mehr als 120 Millionen eBay-Mitgliedern zum Kaufen und Verkaufen genutzt. eBay gestaltet weltweit die Zukunft des Handels und ist Vorreiter im Bereich des Mobile Commerce.

real.de, vormals Hitmeister.de
real.de ist ein offener Marktplatz der real,- SB-Warenhaus GmbH und vereint eine hohe Markenbekanntheit mit gezieltem Multi-Channel-Marketing: die optimale Reichweitenstärke für die Angebote der Kunden.

CHECK24:
CHECK24 tritt nun auch als Marktplatz für die Kategorien Elektronik & Haushalt auf und listet dabei Produkte der Online-Händler. Damit bieten sich neben den bekannten Absatzmärkten wie eBay und Amazon neue Möglichkeiten.

Twenga:
Twenga ist eine Produkt-Suchmaschine mit integriertem Preisvergleich und Shopping-Guide. Twenga stellt die größtmögliche Anzahl von Angeboten aus Online-Shops aus allen Ländern auf seiner Seite zusammen.

DAPARTO:
Das Autoteile-Preisvergleichsportal umfasst mehr als 15 Millionen Angebote von über 130 gewerblichen Händlern. Schrauber und Bastler, preisbewusste Autofahrer und Werkstätten nutzen DAPARTO, um benötigte Ersatzteile zu finden.

Hood.de
Keine Einstell- oder Grundgebühren für Verkäufer: Hood.de bietet eine konkurrenzlos günstige Gebührenstruktur. Der Marktplatz hat derzeit über 1,5 Mio. Mitglieder und zeigt interessierten Käufern täglich über 4 Mio. Angebote.

ricardo.ch
Einer der größten Schweizer Online-Marktplätze: Mitglieder verkaufen im Schnitt 20.000 Artikel täglich. Käufer finden eine große Auswahl an ca. 700.000 aktuellen Angeboten auf ricardo.ch und rund 2,5 Mio. Artikel auf shops.ch.

billiger.de

billiger.de ist mit mehr als 50 Mio. Preisen zu über 2 Mio. Produkten der inhaltsstärkste Preisvergleich Deutschlands. billiger.de ist der einzige deutsche Preisvergleich, der seit 2006 regelmäßig mit einem TÜV-Zertifikat ausgezeichnet wird.

DaWanda.de

DaWanda ist der Online-Marktplatz mit Herz. Hier begegnen sich Menschen mit einer Leidenschaft für einzigartige, kreative und mit Liebe gemachte Produkte. Gemeinsam soll ein inspirierender, lebendiger Markt geschaffen werden.

PriceMinister:

Die Nummer 2 in Frankreich: Wer seinen Shop für den lohnenswerten französischen Markt öffnen will, ist hier richtig. PriceMinister belegt heute mit 22 Mio. Mitgliedern und über 200 Mio. Produktangeboten den zweiten Platz bei den E-Commerce-Websites.

guenstiger.de:

guenstiger.de ist einer der führenden Preisvergleiche Deutschlands. Als unabhängige Verbraucher-Plattform verschafft das Portal seinen Anwendern einen Überblick über alle Informationen, die sie für ihre Kaufentscheidung benötigen.

Kelkoo:

Der persönliche Shopping-Assistent: Kelkoo durchsucht alle Shopping-Optionen – Millionen von Produkten und Tausende von Online-Shops, damit du das nicht tun musst. Innerhalb weniger Sekunden erhältst du eine Liste von Angeboten.

Preissuchmaschine.de:
Per Magnalister (ein Tool, das aus Gambio einen Artikelexport ermöglicht) zu Preissuchmaschine.de: Der Preisvergleicher listet derzeit 4.000 Händler und mehrere Millionen Preise. Verbraucher profitieren von Testergebnissen zu ausgewählten Produkten und können Bewertungen abgeben.

idealo.de:
idealo.de ist Deutschlands führendes Online-Preisvergleichs-Portal. Jeden Monat vergleichen bis zu 15 Millionen Nutzer Preise bei mehr als 50.000 Händlern. Mit der Direktkauf-Funktion verkaufst du deine Ware direkt auf idealo.de.

Allyouneed.de:
Im Herbst 2010 startete der innovative Online-Marktplatz von DHL. Allyouneed bietet ein professionelles Umfeld für Internetverkäufe, hochwertige redaktionelle Beiträge, großzügige Bildwelten und vieles mehr.

Cdiscount:
Mit Cdiscount erhältst du Zugang zu vielen kauffreudigen Besuchern, die bis zu 130.000 Bestellungen tätigen – und das täglich! Nicht umsonst ist Cdiscount der zweitgrößte und einer der beliebtesten Marktplätze in Frankreich.

Rakuten:

Die E-Commerce-Plattform Rakuten bietet Online-Shop-Lösungen mit angeschlossenem Marktplatz an. Sie eignet sich für E-Commerce-Einsteiger, als Vertriebskanal für bestehende Online-Shops und als Multichannel-Lösung.

Yatego:
Yatego ist eine Online-Shoppingmall „Made in Germany". Mit mehr als 10.000 integrierten Online-Shops von Fach- und Einzelhändlern eignet sich Yatego ideal für den Einstieg ins Online-Geschäft oder als zusätzlicher Vertriebs-/Marketingkanal.

Google-Shopping:
Kostenlos zu Google-Shopping: Deine Produkte erscheinen in Google-Shopping und gegebenenfalls auf Google.de. Potenzielle Kunden können Produkte vergleichen und sie direkt auf der Website oder in einem Geschäft vor Ort kaufen.

Zalando:
Zalando bietet seinen Kundinnen und Kunden mehr als nur Schuhe! Zalando steht für ein umfassendes Shoppingerlebnis. Als Online-Händler profitierst du vom hohen Bekanntheitsgrad der Verkaufsplattform.

Wenn du auf diesen Markplätzen verkaufen magst – in meinen Anfangsjahren war dies eine echte Schwergeburt. Heute geht das sehr einfach, auch ohne technisches Verständnis. Software-Tools wie Magnalister ermöglichen es dir, Artikel direkt aus deinem Shop zu den obigen Marktplätzen hochzuladen. Bestellungen können automatisch importiert werden. Der aktuelle Bestellstatus wie „versendet" oder „storniert" wird abgeglichen und läuft in ein einheitliches System. Bestellungen, Rechnungen und das Inventar kannst du somit zentral verwalten. Doch um Magnalister effizient nutzen zu können, musst du die Artikel erst einmal in deinen Shop bekommen, denn dein Shop ist die Zentrale.

Auch dann, wenn du vorhast, über Landingpages oder Plattformen dein Geld zu verdienen, wenn du dein Business skalieren möchtest, benötigst du zwingend einen eigenen Webshop. Big Data ermöglicht dir, Bestellungen in deinem Shop zu generieren, selbst dann, wenn du kein Geld in Marketing wie Facebook Ads oder AdWords investieren kannst. Ich werde dir gleich sagen, wie das geht, der Schlüssel sind deine Kundendaten! Um auf den genannten Plattformen verkaufen zu können, benötigst du einen eigenen Webshop. Das Angebot an Shopsystemen bietet mehr als nur Shopify und wir werden später im Detail darauf eingehen. Aber wenn du direkt in der Praxis durchstarten möchtest, kann ich dir bereits jetzt einige Shopsysteme nennen. Nur mit diesen kannst du den Magnalister nutzen:

xt:Commerce (aktuell in Version 3 oder 4), Magento, Gambio, PrestaShop, Shopware, osCommerce und modified eCommerce.

Wenn du loslegen möchtest, empfehle ich dir, diese Shopsoftware-Anbieter zu vergleichen. Es gibt kein pauschales „einer ist der Beste", aber eines wird klar und diese Erkenntnis widerspricht bereits jetzt all den YouTubern, Bloggern oder Fachbuchautoren ..., von denen ich eingangs berichtete. Shopify wird nicht aufgeführt von Magnalister. Ich muss gestehen, ein Gambio-Freund zu sein. Ich arbeite noch heute in Kundenprojekten ausschließlich auf Gambio-Basis. Im Detail dreht sich hier alles um unseren Elite-Service, aber dazu später mehr. Jetzt zurück zu Big Data und deinem Wettbewerbsvorteil, wenn du eine solide Wahl triffst! Teste die genannten Systeme, entscheide dich für das für dich beste. Das ist das System, mit dem du dich am leichtesten zurechtfinden kannst. Ich erkläre dir nachher, wie genau wir Artikel in einen solchen Shop bringen können. Aber fürs Erste hast du bereits jetzt die Gewissheit: Mit einem Shop legst du ein Fundament, eine einheitliche Datenbasis. Auf dieser Basis kannst du später alle Preise kalkulieren sowie Änderungen und Bestellungen zentral verwalten. Diese Einfachheit und die dennoch damit einhergehende Unabhängigkeit sollte es dir wert sein, einen eigenen Shop zu installieren. Auch dann, wenn du nur auf Plattformen verkaufen möchtest. Denn nur dann, wirklich nur dann, kannst du von Big Data profitieren! Nur dann ist es möglich, ohne große Marketingkosten Neukunden zu gewinnen. Ich möchte dir daher jetzt erklären, warum es so wichtig ist, einen eigenen Shop zu haben. Wenn du dies verstanden hast, dann schauen wir, wie wir Artikel in deinen Shop und auf die Plattformen bekommen. Wobei wir Letzteres bereits jetzt geklärt haben sollten.

BigData durchdringt alle Lebensbereiche und eröffnet vielfaltige Chancen, einige zeige ich dir jetzt. Aber Big Data fordert uns alle auch heraus. Antworten für den Schutz der Privatsphäre zu finden, ist unsere Pflicht! Die Kombination von Wetterdaten, Umweltdaten, Nutzungsdaten und Sensordaten, aber auch Bild- und Videodaten kann die Qualität der Vorhersagen deutlich verbessern. In Bezug auf das Webbusiness können anhand von Standortdaten passende Filialen in der Nähe zum Aufenthaltsort angezeigt werden. Mittels der Wetterdaten die

Produktempfehlungen beeinflussen, z. B. Sonnenbrillen in der Suche ganz nach oben stellen, wenn die Sonne scheint, und Regenmäntel, wenn die Tage mal wieder rauer werden. Mir fallen spontan zwei Dienstleister ein, die dir beim Ausbau deines Webshops und dessen Personalisierung enorm helfen können. Zum einen gibt es das Unternehmen FINDOLOGIC. Dort wird dir eine Suchlösung angeboten, die deinen Kunden blitzschnell hilft, das zu finden, was sie suchen, natürlich Geräte übergreifend. Ein Plus von 30 % Conversation-Steigerungen ist keine Seltenheit. Umsatzsteigerungen von weit über 25 % sind nach Website-Aussage belegt. FINDOLOGIC habe ich natürlich zu meiner aktiven Zeit selbst im Einsatz gehabt, ein smarter Ansatz, wie ich finde.

Das schweizer Unternehmen Boxalino bietet dir ebenso spannende Big-Data-Mehrwerte. Mit Conversion Performance Optimization (CPO) den Mitbewerbern einen Schritt voraus sein, heißt es dort. Ich empfehle dir daher, diese zwei Dienstleister anzusehen. Wenn du zum Start beides „too much" findest, so muss ich dir recht geben. Aber es ist wichtig, dass du deinen Horizont erweitern kannst.

Fakt ist, werden die gewonnenen Daten in Echtzeit auf die erkannten Muster untersucht, lassen sich klare Vorteile erzielen. So hat ein europäisches Bahnunternehmen Daten aus physischen und IT-Ressourcen von mehr als 800 Bahnhöfen und Bahnlinien in ein Überwachungs- und Analysesystem integriert. Dadurch konnten mehr als 50 % der Probleme so früh erkannt werden, dass sie keine Auswirkungen auf den Zugverkehr mehr haben. Ein asiatisches Bahnunternehmen überwacht mehr als 320.000 Ressourcen. Dabei werden nicht nur Warnungen in Echtzeit übermittelt, sondern auch automatisch Arbeitsaufträge für die Beseitigung der Probleme erzeugt. Auch wenn du im Dropshipping keinen Bahnhof überwachen musst, lässt sich dennoch ableiten, dass mit einer Marketing-Automatisierung Anweisungen angeordnet werden können. Und das Beste: Im Gegensatz zu den Bahnbetreibern benötigst du keine Mitarbeiter. Alles, was du benötigst (außer deiner Couch), ist dein Webshop und: Klick-Tipp.

Klick-Tipp ist eine Plattform für E-Mail-Marketing und Marketingautomatisierung. Dieses Tool ersetzt mehrere Mitarbeiter und automatisiert dein Shopmarketing. Jetzt wirst du in den Genuss von Big Data in seiner simpelsten Form kommen. Datengrundlage sind deine Bestellungen aus all den Plattformen, auf denen du Kunden gewonnen und Bestellungen generiert hast. Jetzt gilt es, diese in deinen Shop zu leiten.

Wenn du darüber nachdenkst, ein Unternehmen zu gründen, dann ist es normal, dass du dir die Frage stellst: „Wo sollen all die Shopkunden herkommen?" Dann kommst du vielleicht auf die üblichen Verdächtigen wie AdWords und Facebook Ads. Alternativ die Kaltakquise. Aber ob Start- oder Wachstumsphase, der Prozess ist unheimlich anstrengend, und wenn du es händisch machst, auch unheimlich kostenintensiv. Zeit gegen Geld tauschen kannst du – selbst damit wirst du zum Millionär, wie du weißt. Aber wesentlich cleverer als die manuelle Kundenakquise plus Zeit gegen Geld zu tauschen plus sein Unternehmen zu gründen ist es, nach automatischen Lösungen zu suchen! Tust du das nicht, läufst du ganz große Gefahr, anfällig für Burn-out und Co. zu werden. Und selbst, wenn du denkst, dass du dann eben einige Mitarbeiter einstellen wirst, um dich zu entlasten, werden auch diese Mitarbeiter gleich nach einer Woche weinend aus deinem neuen Unternehmen rennen, weil sie einfach diesen hohen Arbeitsdruck nicht aushalten. Das Problem ist, dass du nicht an deinem Problem arbeitest, sondern an einem Symptom. Darum erinner dich an meine Worte. Du benötigst für ein Dropshipping-Business kein Personal! Und wenn, dann nur im Extremfall. Das bedeutet, wenn du wirklich etliche Millionen umsetzt (und das in weniger als 45 Jahren, vielleicht in zwölf Monaten oder weniger), dann, und nur dann, kann ein Mitarbeiter sinnvoll sein. Denn die bedeutendste Regel ist, dass du verinnerlichen musst, an (!), nicht in (!) deinem Unternehmen zu arbeiten. Am leichtesten erreichst du dein Ziel, wenn du Tools wie Magnalister verwendest. Damit sparst du etliche Wochen, wenn nicht gar Monate manueller Arbeit. Du tauschst nicht Zeit gegen Geld. Später werde ich dir noch zeigen, wie du auch deine Preis- und Wettbewerbsüberwachung automatisieren kannst. Genau darum werden wir uns Big Data und automatische Systeme wie Klick-Tipp zunutze machen!

„Ich stelle mir eine Welt vor, in der kleine Unternehmen in die Gründungsphase gehen und schnell aus der Gründungsphase in eine starke und stabile Wachstumsphase eintreten. Wobei aber gleichzeitig die Unternehmen neben ihrem Erfolg nicht vergessen, dass die Mitarbeiter in diesem Unternehmen auch an Aufgaben arbeiten sollen, die sie persönlich weiterentwickeln und auch einen pünktlichen Feierabend genießen sollen, damit diese Menschen eben auch Zeit haben für die Dinge, die ihnen wirklich persönlich wichtig sind!" – so der Firmengründer von Klick-Tipp. Dieser Auffassung stimme ich zu!

Also: Du benötigst einen eigenen Webshop, damit du diesen zu deinem besten Verkäufer ausbaust. Der Schlüssel für den Erfolg und für das Gelingen dieses Ansatzes ist, dass du sämtlichen Traffic, also Besucher, automatisiert auf deine Website/deinen Shop bringen musst! Nur wenn dir dies gelingt, kannst du auf dicke Marketing-Budgets verzichten. Ich mache genau dies jeden Tag. Ich produziere ein Video, stelle es auf YouTube und generiere so fast zum Nulltarif Aufmerksamkeit. Wenn dein Shop – ebenso wie meine Website – ihren Job perfekt erledigt, wird dieser Besucher zu einem Interessenten und dieser letztlich zu einem Kunden. Genau so verkaufe ich mein Elite-Dropshipping-Paket, nahezu täglich eins! Ob Serviceangebot oder Ohrenschützer in deinem Webshop, es ist egal, was du verkaufst. Viel wichtiger ist das WIE.

Wenn du diesen Ablauf nicht automatisierst, kannst du dich kaum um Unternehmeraufgaben kümmern. Und Unternehmeraufgaben sind neben der Kundenakquise das Recruiting, später Mitarbeiter zu finden, Mitarbeiter zu motivieren, Mitarbeiter überhaupt erst mal dazu zu bewegen, dass sie sich bewerben, Arbeitsverträge, alles rechtlich sauber machen, Mitarbeiter onboarden. Viele Wege führen nach Rom, und viele Jahre machen dich klar zum Einkommensmillionär! Die Frage ist also, nimmst du dank Big Data und den vorgestellten Tools die Abkürzung oder nimmst du den bequemen Weg?

Denk daran, wenn du Unternehmer wirst – und genau das bist du als Dropshipper –, dann musst du dich um Finan-

zen, Buchhaltung, Steuern, Kapitalbeschaffung, Produkt-
entwicklung, Produktdesign, Produktauslieferungen
kümmern, aber nicht um das Marketing! Faktisch warten
viele Unternehmeraufgaben auf dich, aber das ist die
Vielfältigkeit, die dich motivieren und nicht abschrecken
sollte. Denn all die Punkte, die ich eben aufführte, kannst
du automatisieren oder outsourcen. Erinner dich: Es genügen ein PC mit Internet und dein Wohnzimmer.

Dennoch, wenn du als angehender Dropship-
Unternehmer nicht als Allererstes (!) deine Kundenakquise und Produktverteilung automatisierst, wirst du
nicht dazu kommen, andere Unternehmeraufgaben zu
erfüllen! Dann wirst du scheitern und all die Trendsetter
haben recht. Dropshipping funktioniert dann nicht. Aber,
was sie verkennen: Nicht der Streckenversand funktioniert nicht. Es fehlt lediglich die Kenntnis über das richtige Set-up. Erinner dich zurück an die Anfänge. Nutz
daher in deinem eigenen Interesse die vorgestellten Tools
und vertrau darauf, dass dein Erfolg damit fällt, dass du
einen Shop benötigst. Und nicht einen, sondern meiner
Meinung nach einen von den vorgestellten Shopsoftware-
Tools. Im Zweifel geh einen anderen Weg, jeder Weg,
jeder Anfang ist besser, als nichts zu tun. Aber wenn du
Lehrgeld sparen möchtest und dein Business wirklich
skalieren willst, dann hör auf meine Erfahrung! Wenn du
bereits erste Gehversuche gemacht hast, kann ich nicht
pauschal sagen, ob es sinnvoll ist, alles neu zu machen.
Aber wenn du bisher Artikel händisch eingestellt hast,
Rechnungen manuell geschrieben hast, Kunden-E-Mails
selbst beantwortet hast und jeden Preis einzeln kalkuliert
hast, dann fang neu an. Starte jetzt mit deinem neuen
Wissen. Ich habe Hunderte von Stunden damit verbracht,

Preise anzupassen. Ich erinnere mich genau an mein erstes Weihnachtsgeschäft auf Amazon. Ich habe ständig angepasst, doch binnen Sekunden wurden meine Preise unterboten. Damals kannte ich kein ClouSale zur Preisautomatisierung oder die vielen ähnlichen Helfer-Tools. Heute weiß ich, wie die Systeme zusammenspielen und wie du als One-Man-Show ein Millionenbusiness in unter 45 Jahren aufbauen kannst! Du musst automatisch Kunden gewinnen und die Kunden müssen automatisch das Produkt bekommen. Genau das kannst du mit Dropshipping erreichen. Die Kunden kaufen – zunächst – auf der Plattform einen Artikel, dein System erkennt die Bestellung, generiert die Rechnung in fortlaufender Nummerierung und die Bestellung geht an deinen Lieferanten. Dieser sendet dir eine Sammelrechnung zum Monatsende und die Ware wird versendet. Genau so ist Dropshipping eine Goldgrube und am Ende des letzten Kapitels hast du alles, was du benötigst, um durchzustarten!

Schau: In der Natur ist es so, dass eine Pflanze nicht unendlich wächst. Irgendwann wächst sie sozusagen nicht mehr in die Höhe, sondern ein bisschen in die Breite. Sie wird stabiler und – das ist ganz wichtig – die Pflanze fängt an, Früchte zu tragen. Das bezeichne ich sehr gern als Ernte. Irgendwann wird auch dein Unternehmen anfangen, Früchte zu tragen. Dann stellt sich die Frage, ob du weiter so viel arbeiten möchtest oder ob es weitere Prozesse im Unternehmen gibt, die ebenfalls automatisiert werden können. Das ist Big Data. Das Sammeln von Daten, auch dann, wenn du sie heute noch nicht verwerten kannst. Wichtig ist, dass du alles strukturierst und später auf diese Daten zurückgreifst – genau das ist es, was wir tun. Kunden, die vor Monaten etwas auf einer

Plattform bestellt haben, können wir binnen Minuten oder Monate, sogar Jahre später zu Kunden machen. Und das Beste: Sie kaufen dieses Mal in deinem Shop! Doch damit dies so spielend leicht gelingen kann, bedarf es zunächst der Daten und eines eigenen Shops. Es bedarf keines Marketingbudgets von gigantischem Ausmaß.

Klick-Tipp wird dich genau bei dieser Umsetzung unterstützen. In deiner Wachstumsphase kann Klick-Tipp deinen Marketingprozess automatisieren. Deinen ehemaligen Plattformkunden, die deinen Shop nicht kennen und dich wohl nicht mehr in Erinnerung haben, genau diesen Kunden reichst du nun die virtuelle Hand. Wir bauen eine vertrauensvolle Beziehung auf. Und in der Erntephase kann Klick-Tipp dich unterstützen, Zeit zu sparen und dich schrittweise aus dem Unternehmen herauszuführen. Dann arbeitest du *am* und nicht *im* Unternehmen!

Leider wird 2018 oftmals an Spam gedacht, wenn es um den E-Mail-Versand geht, oder an Newsletter, die keiner lesen möchte, da sie irrelevant sind. Doch all dies ist nicht das, was wir unter BigData, relevanten Inhalten oder E-Mail-Marketing verstehen. Es ist zwingend notwendig, zwischen dem Begriff Newsletter und unserem Plan der Automatisierung mit Relevanz zu unterscheiden, da dieser personalisiert ist. Newsletter werden früher oder später aussterben, das ist meine Meinung, und das ist auch nicht schlimm. Denn wir möchten keinen Newsletter versenden, dein Shop sollte daher auch keine Newsletter-Funktion anbieten. Leider haben standardmäßig all die von mir benannten Shopsysteme genau solch ein Tool inkludiert. Dennoch: weg damit! Ich sage dir nun auch, was viel smarter ist – da es dir faktisch Umsatz generiert. Unter einem Newsletter verstehe ich – ebenso wie der Klick-Tipp-Gründer – eine bunte, schön gestaltete E-Mail im Corporate-Identity-Design. Richtig schön seriös. Und diese E-Mail geht dummerweise an alle Kontakte raus. „Sonderangebote zum Jahresende", „50 % Rabatt auf alles" oder „10 Euro Neukundengutschein" – wer kennt diese Verteiler nicht – und wer ist nicht davon genervt? Mit einer solchen E-Mail werden wir garantiert keinen Kunden reaktivieren und von deinem Shop überzeugen, darum deinstallier in deinem Shop-Template bitte die Newsletterfunktion. Die Kehrseite ist E-Mail-Marketing. Dies wiederum bedeutet, dass du dir überlegst, welches Problem deine Kunden haben könnten. Im Fall eines Amazonkunden, der einen zerlegten Schrank bei dir bestellt hat, wäre das zum Beispiel die viel zu komplizierte Montage. Da ich in der Kindermöbelbranche begonnen habe, spreche ich aus Erfahrung. Nicht nur bei Ikea kann man seinen Spaß beim Aufbau erleben. Wenn wir nun also tracken, ob der Schrank von der Spedition zugestellt wurde, und wenn wir dann eine personalisierte E-Mail dank Big Data bzw. Klick-Tipp aussenden, steigt die Relevanz. Denn du bietest deinem Kunden einen Montageservice. Jetzt kann er dich gebrauchen, jetzt bist du relevant. Jetzt verdienst du Geld – mit deinem Shop, nicht mit Amazon. Aber der Kunde kam über Amazon. Aber nicht nur, dass wir jetzt Geld verdienen und an diesem Upselling rund 15 % Verkaufsgebühren sparen, wir können jetzt auch punkten. Mit gutem individuellen Service. Und gewiss, der Kunde hat jetzt dich in Erinnerung und nicht Amazon. Denn der letzte Eindruck bleibt. Die Bestellung bei Amazon ist der erste Eindruck, natürlich ist dieser wichtig. Du solltest pünktlich liefern und im Idealfall das Richtige und ohne Macken. Von diesen Selbstverständlichkeiten abgesehen, bleibt deine Upselling-E-Mail (vorerst) der letzte Kontakt. Anstelle der Montage kannst du auch ein Pflegemittel für den neuen Schrank anbieten. Ich finde es besser, beides anzubieten. Am Tag der Lieferung senden wir unsere Anfrage zwecks Montage und eine Woche später melden wir uns wieder – wir sind ja in guter Erinnerung – und empfehlen das Deluxe-Musst-Du-Haben-Pflegeöl. Das mit der guten Erinnerung kann nun sogar bewiesen werden, Big Data sei Dank. Die Wahrscheinlichkeit, dass der Kunde eine Bewertung abgibt, ist durch deinen guten Service deutlich gestiegen. Und weil dem so ist, kann die Software nun prüfen, ob eine – positive – Bewertung abgegeben wurde. Ein Parameter könnte also sein, dass wir das „Öl-Upselling" nur an Kunden senden, die positiv bewertet haben. Natürlich kann durch das Wissen, ob jemand bewertet hat, viel mehr automatisiert werden. Hat er nicht, kannst du ihn freundlich daran erinnern. Immerhin lebt der Versandhandel von der Bewertungstransparenz. Und ja, manche manipulieren dies bewusst. Dazu später mehr. Negative Bewertungen können dank Marketingautomatisierung revidiert werden. Eine solche E-Mail könnte etwa so aussehen:

Lieber Kunde, Sie haben festgestellt, dass Sie mit uns unzufrieden waren. Dies bedauern wir sehr. Ihre Bewertung ist für uns als Marketplace-Verkäufer sehr wichtig. Wir danken Ihnen, dass Sie uns auf einen Missstand hingewiesen haben. Wir sind an einer Lösung interessiert und freuen uns, wenn Sie nach der Problemlösung Ihr Feedback zurücknehmen würden. Sie können jede Ihrer Bewertungen innerhalb von 60 Tagen nach Eingabe wieder entfernen (allerdings ist die Abgabe einer neuen Be-

wertung für eine bereits beurteilte Bestellung nicht mög-
lich). So entfernen Sie Ihr Feedback:
Gehen Sie auf „abgegebenes Verkäufer-Feedback".
Gehen Sie dann zu der betreffenden Bestellung und kli-
cken Sie neben Ihrem Verkäufer-Feedback auf „Lö-
schen". Wählen Sie einen Grund für die Entfernung und
bestätigen Sie mit „Feedback löschen".

So oder so ähnlich können alle Prozesse automatisiert werden! Das Schöne ist, du kannst mit deinen Kindern spielen, mit deiner Frau/deinem Mann kochen. Alles ist sinnstiftender, als all diese lästigen Arbeiten manuell zu prüfen und auszuführen! Merkst du, wie viel Zeit du sparen kannst, wenn du nur die richtige Basis legst?

Es geht nicht um plumpe Werbung in einer Art Newsletter. Ein Prospekt, der einfach nur weggeschmissen wird, ist wertlos. Es geht um Relevanz!
Jede E-Mail ist ein Lösungsansatz und einen Schritt weiter zur Kundenbindung. Letztendlich bietest du stets echten Mehrwert, und im Fall einer negativen Bewertung, die entfernt wird, haben wir sogar eine Win-win-Situation. Dein Kunde ist dennoch glücklich und wir können ihn später im Upselling ansprechen. Und das Problem der Unzufriedenheit auf Kundenebene wurde gelöst. Für jedes Business bzw. für jede Bestellung kannst und solltest du überlegen, welches Problem deine Kunden haben und wie du ihnen dabei helfen kannst, das Problem zu lösen. Im eCommerce besteht der gigantische Vorteil darin, dass wir wissen, was Kunden suchen (auch wenn sie nicht kaufen) und wenn sie gekauft haben, welches Problem sie lösen möchten. Das erinnert mich im-

mer an die Löcher in der Wand und die Bohrmaschine bzw. den Bohrer. Du siehst, es gibt immer etwas zu tun!

Big Data kann noch mehr. Ich schrieb gerade etwas beiläufig, du siehst, was deine Kunden suchen. Es gibt Dinge, die du sofort umsetzen kannst. Einiges ist komplett kostenfrei machbar, also tun wir es. Big Data bedeutet, Daten zu erheben, damit wir sie wie eben geschildert einsetzen können. Die Website-Analyse-Software Google Analytics ist kostenfrei und gewährt einen ersten Einblick in die Anzahl der Zugriffe und woher die Besucher kommen. Spannend für uns als Shopbetreiber ist, zu wissen, wonach die potenziellen Kunden auf deiner Seite wirklich suchen. Dazu kannst du das „Site Search-Tracking" verwenden. Es ermöglicht, die interne Suche auf der eigenen Website auszuwerten. Wie das geht? Google hat dies sehr gut beschrieben, aus diesem Grund stelle ich es dir hier nur vor (orthografische Fehler liegen im Original vor und wurden nicht von mir korrigiert):
Deine Site Search einrichten
Site Search muss für jede Berichtsdatenansicht eingerichtet werden, die Sie für Suchaktivitäten von Nutzern verwenden möchten. So richten Sie Site Search für eine Datenansicht ein:
Melden Sie sich in Ihrem Analytics-Konto an.
Klicken Sie auf Verwaltung und gehen Sie zu der Datenansicht, in der Sie Site Search einrichten möchten.
Klicken Sie auf Einstellungen der Datenansicht.
Legen Sie unter Site Search-Einstellungen den Wert "Site Search-Tracking" auf Ein fest.
Geben Sie im Feld Suchparameter das Wort oder die Wörter ein, die interne Suchparameter kennzeichnen, beispielsweise term,search,query. Manchmal werden

Suchparameter nur mit einem Buchstaben gekennzeichnet, etwa s oder q. Geben Sie bis zu fünf Parameter getrennt durch Kommas ein. Verwenden Sie keine zusätzlichen Zeichen. Das heißt, wenn der Suchparameter beispielsweise durch den Buchstaben q gekennzeichnet wird, geben Sie nur q ein und nicht "q=". Weitere Informationen finden Sie weiter unten im Abschnitt Parameter von Suchanfragen identifizieren.

Geben Sie an, ob Analytics die Suchparameter aus der URL entfernen soll. Dabei werden nur die von Ihnen angegebenen Parameter entfernt. Alle anderen Parameter in der URL bleiben erhalten.

Aktivieren oder deaktivieren Sie Site Search-Kategorien. Wenn sich die Suchanfragen auf Ihrer Website von Nutzern verfeinern lassen, können Sie diese Daten in Ihre Berichte aufnehmen. Zum Beispiel könnten Nutzer nach "chromebook" suchen, sobald sie die Kategorie zu "laptops" verfeinert haben. Die URL sieht dann in etwa so aus: ...?q=chromebook&sc=laptop.

Falls Sie Kategorien auf AUS gesetzt lassen, sind nun keine weiteren Schritte mehr erforderlich. Klicken Sie auf Speichern.

Falls Sie Kategorien auf EIN stellen:

Geben Sie im Feld Kategorieparameter die Buchstaben ein, die eine interne Suchkategorie kennzeichnen, etwa "cat,qc,sc". Verwenden Sie dabei – genau wie im Feld "Suchparameter" – nur die Zeichen für den Parameter, zum Beispiel "sc" und nicht "sc=".

Legen Sie fest, ob Analytics die Kategorie-Parameter aus der URL löschen soll. Dabei werden nur die von Ihnen angegebenen Parameter entfernt. Alle anderen Parameter in der URL bleiben erhalten. Diese Vorgehensweise hat denselben Effekt wie der Ausschluss von URL-

Suchparametern in Ihrer Masterberichtsdatenansicht: Wenn Sie die Kategorieparameter aus Ihrer Site Search-Datenansicht entfernen, müssen Sie sie in Ihrer Master-datenansicht nicht erneut ausschließen.

Klicken Sie auf Speichern.

Parameter von Suchanfragen identifizieren

Wenn Nutzer eine Suche auf Ihrer Website durchführen, wird die Suchanfrage normalerweise in die URL aufge-nommen. Wenn Sie bei Google zum Beispiel nach Mountain View suchen, sehen Sie q= (Suchparameter von Google), gefolgt von Ihrer Suchanfrage:

http://www.google.com?hl=en&q=mountain+view...

Wenn auf Ihrer Website Kategorien verwendet werden, gilt dasselbe Prinzip. Sie können sich auch an Ihren Webmaster wenden, um die auf Ihrer Website verwende-ten Suchparameter in Erfahrung zu bringen.

Site Search für POST-basierte Suchmaschinen einrichten

Wenn Sie eine POST-basierte Suchmaschine verwenden, sieht die Suchergebnis-URL in etwa so aus:

http://www.ihrebeispielurl.de/search_results.php

Es gibt zwei Möglichkeiten, Site Search für POST-basierte Suchmaschinen zu verwenden:

Option 1: Konfigurieren Sie Ihre Webanwendung (z. B. http://www.ihrebeispielurl.de/search_results.php?q=keyw ord) und richten Sie dann Site Search wie zuvor be-schrieben ein.

Möglichkeit 2: Ändern Sie den Tracking-Code auf Ihrer Suchergebnisseite so, dass dynamisch ein virtueller Sei-tenpfad angegeben wird, der die Suchbegriffe enthält. Der Tracking-Code auf der Suchergebnisseite kann bei-spielsweise wie folgt aussehen:

analytics.js: ga('send', 'pageview', '/search_results.php?q=keyword');

Site Search-Daten einsehen
So zeigen Sie Site Search-Berichte an:
Melden Sie sich in Google Analytics an.
Rufen Sie die gewünschte Datenansicht auf.
Öffnen Sie Berichte.
Wählen Sie Verhalten > Site Search aus.

(Quelle:
https://support.google.com/analytics/answer/1012264?hl
=de)

Neben den Google-Tools gibt es eine etwas weniger bekannte Version, seine B2B-Websitebesucher zu identifizieren. Das kann für Dropshipper relevant werden, wenn
sie als Großhändler agieren oder schlicht die Wettbewerber (die ja Unternehmer sind) erkennen möchten. Wissen
(und somit ein Datenkontingent) ist Macht. Mit diesen
Daten kannst du einiges anstellen. Ich denke hier an das
Tool „Lead Inspector". Es identifiziert die Unternehmen,
die sich auf deiner Internetseite informieren, und ermit-
telt unter anderem deren Firmendaten und Entscheider-
kontakte. Die Lead-Generierung erfolgt dabei wie folgt:
Das identifizierte Unternehmen auf deiner Website wird
in einem Dashboard dargestellt. Im Idealfall enthält dieser einen Datensatz mit Firmenname, Entscheiderkontak-
te, Anschrift, Telefon, E-Mail und die Website. In der
Detailansicht kannst du genau erkennen, welche Angebote und Seiten sich deine Besucher wann, wie lange und
wie oft angesehen haben. Diese Erkenntnisse gehen weit
über Google Analytics hinaus. Dennoch ist eine Kombination aus beidem sinnvoll. Bei dem Tool Lead Inspector
erkennst du, wer auf deiner Seite war bzw. aktuell in
Echtzeit ist. Selbst dann, wenn kein Kontaktformular

oder keine Suchfunktion benutzt wird. Die bloße Anwesenheit genügt, um die genannten Daten zu erheben. Für mich aus diesem Grund eine klare Kaufentscheidung! Bei der eigentlichen Lead-Qualifizierung hilft das Tool und bewertet die zuvor identifizierten Besucher anhand diverser Kriterien. So ermittelst du sehr einfach die passenden Ansprechpartner deiner Wunschzielgruppe und kannst diese kaufstarken Kontakte, die Interesse an deinen Angeboten zeigen, direkt an deinen Vertrieb weiterleiten. Dein Vertrieb besteht nicht aus Mitarbeitern, sondern beispielsweise aus Tools wie Klick-Tipp. Dein Lead-Management fungiert als automatisierter E-Mail-Report. Exportieren lässt sich die Liste natürlich ebenso in Excel- oder CSV-Format, um mittels API-Schnittstelle vollständig in dein CRM-System übernommen werden zu können! Das ist Big Data. Du nutzt dieses Wissen und verwertest es in deinem eigenen Shop. Verstehst du nun, warum er langfristig funktioniert? Und ist es nicht viel cleverer, hier und da in eine sensationelle Softwarehilfe wie Klick-Tipp oder Lead Inspector zu investieren, statt in mies gelaunte Mitarbeiter? Jeder Datensatz ist bares Geld, wenn nicht heute, dann in Zukunft, denn Big Data bedeutet die Kombination von Daten und das automatisierte Erkennen von Gelegenheiten. Im Folgenden möchte ich dich über eine Besonderheit von Klick-Tipp informieren. Das gesamte System ist tagbasiert. Viele wissen vielleicht gar nicht, was dies bedeutet. Also, wie funktioniert das mit den Tags?

Zunächst: Ein Tag ist ein virtuelles Anhängeschild, das sozusagen an deinen Kunden geheftet wird. Zum Beispiel wird ein Abnehmer Kunde und in dem Moment, in dem er etwas kauft, heftet das Tool das Anhängeschild „Kunde" an ihn. Du kannst hier sehr genau benennen, wo genau er Kunde geworden ist, z. B., ob er ein Amazon-Kunde, Shopkunde, eBay-Kunde etc. ist. Somit kannst du messen, welche deiner späteren Kunden die mit der größten Bedeutung sind. Du kannst beispielsweise nachvollziehen, dass du Amazon brauchst, da du hier jeden dritten Kunden zu deinem „Follow-up-Kunden" machst, bei eBay z. B. nur jeden achten. Somit siehst du, welchen Plattformen du womöglich mehr oder weniger Aufmerksamkeit schenken oder an welcher Stelle du hohe Verkaufsgebühren akzeptieren solltest, da es egal ist. Wenn du weißt, dass jeder x-te Kunde ein „echter Shopkunde" wird, ist es nicht schlimm, wenig bis nichts am Erstverkauf (über eine Plattform) zu verdienen. Wenn du keinen Shop und somit keine Upselling-Möglichkeit hast, ist es sehr wohl genau andersherum. Dann kannst und solltest du deine Sortimente und deine Preispolitik dringend anpassen bzw. möglicherweise komplett einstellen! Halten wir kurz fest: Bei jedem einzelnen deiner Kunden kannst du dank dieser eindeutigen Zuordnung sehr leicht feststellen, welche Produkte er gekauft und wer noch nicht (direkt bei dir) gekauft hat. Jetzt denkst du vielleicht, dass ein E-Mail-Marketingsystem immer so aufgebaut wird und es daher egal ist, welchen Anbieter du wählst. Doch ähnlich wie bei der Shopauswahl: weit gefehlt! Das ist in der Praxis ganz sicher nicht der Fall. Die meisten E-Mail-Marketingsysteme arbeiten listenbasiert, das heißt, es gibt eine Excel-Tabelle. Eine heißt zum Beispiel „Interessent", die zweite „Kunde". Wenn sich in deinem Webshop jemand in deine Interessentenliste einträgt und einige werden dann auch Kunde ..., dann hast du ein großes Chaos. Darum solltest du bereits vorher deinen Newsletter abschalten. Denn dieser basiert auf solchen Listen. Möchtest du jetzt eine E-Mail an alle Interessenten (in deinem Newsletter), die keine Kunden sind, versenden, dann ist genau diese Unterscheidung bzw. eben Nicht-Unterscheidbarkeit dein Problem! Das heißt, um das sauber abzubilden, müsstest du die Interessentenliste exportieren, ebenso in Schritt zwei – händisch versteht sich – deine Kundenliste. Du müsstest die Interessentenliste um die Kunden bereinigen und die bereinige Interessentenliste erneut – händisch – importieren. Das macht natürlich niemand, und wenn, wäre es ein irrsinniger Aufwand und man würde Zeit gegen Geld tauschen. In der Praxis sind alle Systeme so aufgebaut, obwohl wir hier sehr weit weg von der Automation sind. Schlicht gesagt macht dies überhaupt gar keinen Sinn! Aus diesem Grund schicken die meisten Unternehmen die Newsletter vollkommen unsinnig durch die Gegend. Sicherlich kannst du dir vorstellen, welch ein Reputationsverlust dies ist. Immerhin bekommt eine solche Massen-E-Mail mit all den tollen Rabatten nun auch dein Kunde, der gerade gestern zum vollen Preis gekauft hat. Meinen Glückwunsch!

Nutzt du alles wie beschrieben, bist du völlig frei bei deiner Tagvergabe. Die Unterscheidung, ob Kunde oder nicht bzw. die Plattformzuordnung, ist nur ein vereinfachtes Beispiel. Nimm einen Interessenten deiner Wahl, auch hier gibt es viele Abstufungen. Der eine interessiert sich für dieses Thema, der andere für das. Machen wir es ein letztes Mal konkret und nehmen das bekannte Beispiel mit dem Schrank. Nun wurde ein Termin zur Montage vereinbart. Dein Kunde wählt seinen Termin online aus. Diese Information (dass er einen Termin und wann er ihn wünscht) wird als Tag an Klick-Tipp übertragen. Wir arbeiten auch mit diesem Tool zur automatischen Terminvergabe, z. B. bei unseren Rückrufen. Es nennt sich Terminpilot und ist komplett in unseren Ablauf einspielbar. Du kannst somit deinen Kundenservice viel effektiver planen oder die Zeitfenster für einen Rückruf als „frei" zur Verfügung stellen, wenn du wirklich Zeit hast. Dies ist ideal, wenn du mit deinem Dropshipping-Business starten möchtest und zu Beginn noch einen anderen Job hast. Dann kannst du unzufriedenen Kunden vorbeugen, da sie dich nicht x-mal anrufen müssen, sondern beim Erstkontakt – automatisch – relevante Hilfe erhalten. Konkret hilft mir das System jeden Tag, meine Mentoringtermine und Erstberatungen für unser Elite-Paket, später dazu mehr, zu organisieren. Zeitraubende Telefonate, Wiedervorlagen, Hinterhertelefonieren gehören der Vergangenheit an. Lass deinen Kunden einen Termin aussuchen und über die Terminpilot-Buchungsseite eintragen. Er bekommt sofort eine Rückmeldung über das System, dass alles geklappt hat. Perfekt! Auch private Termine kannst du dank der Google-Kalender-Synchronisation berücksichtigen. Dies bedeutet, während deiner Arbeitszeiten als Arbeitnehmer – kein Rückruf. Mittags, wenn du deine Kinder von der Kita oder Oma abholst, keine Rückrufe. Alles kein Problem, denn es stehen genau die Zeitfenster online zur Verfügung, in denen du Zeit hast. Das System kann auch SMS-Bestätigungen oder Postkarten (ja, wirklich per Post) versenden. Probier es einfach mal aus. Nun aber weiter mit unserem Schrank-Montagetermin-Szenario. Eine Kampagne kann also sinngemäß so aussehen: „Hey, lieber Kunde, danke, dass du unseren Montageservice gebucht hast." Einen Tag später, wenn die Spedition den Kunden zur Terminbestätigung nicht erreichen konnte: „Hallo lieber Kunde, ich möchte dich nur daran erinnern, dass starke Männer zur Montage kommen – morgen um

14.30 Uhr, wie vereinbart. Hier ist der Link." Da der Kunde gekauft und bezahlt hat, soll er seine Leistung erhalten. Dafür kannst du nun automatisch sorgen. Du hast es geschafft. Du gehörst gewiss zu den wenigen Menschen, die verstehen, wie Dropshipping skalierbar wird. Eben genau durch solche Tools. Da wir gerade bei Big Data und Automatisierung sind: Ein letzter Tipp, um dieses Kapitel zu schließen. Die Anfragen, die Kunden stellen, solltest du stets zeitnah beantworten. Auf Amazon gilt eine 24-Stunden-Regel, auch sonntags. Das kann in die Freizeit spielen, da ist es geschickt, Grundanliegen automatisch (wer hätte das gedacht) zu beantworten. Stichwort: Künstliche Intelligenz. Parlamind beantwortet Kundenservice-Tickets automatisch und macht deinen Kundenservice spürbar produktiver.

Steuersparen als Dropshipper dank Amazon?

Vor dem Start mit Dropshipping sind viele Fragen zu beantworten, beispielsweise die Frage nach der Rechtsform oder welche Länder im Hinblick auf Steuern und Einsparpotenzial infrage kommen. Letzteres ist nicht in jedem Land möglich, wenn du zum Beispiel auch auf Amazon durchstarten möchtest. Nach zahlreichen Interviews, die ich auf meinem YouTube-Channel führen durfte, ergab sich folgendes Bild zu den Rechtsformen in verschiedenen Ländern: Oft stand die Frage im Raum, wie eine Firma überhaupt gegründet wird, die passende Rechtsform gefunden oder die Steuer optimiert werden kann. Über ausländische Konstrukte, Offshore-Konstrukte, wurde ebenfalls rege nachgedacht. Doch spannend waren die Fragen und Belange der (angehenden) Amazon-Händler, die mitunter solche Meinungen vertreten haben: „Mensch, super, ich gehe aus Deutschland raus nach Panama zum Beispiel ..., finde ich eine tolle Sache. Eine Briefkastengesellschaft wollte ich schon immer mal haben." Andere äußerten: „Mensch, Spanien ist auch eine gute Sache ..." Eine Firmengründung hat individuelle Gründe. Es gibt nicht DIE richtige Rechtsform oder DAS richtige Land für Dropshipping!

Nehmen wir ein Beispiel mit einer Niederlassung in Deutschland. Davon ausgehend, dass der Hauptsitz wie bei uns in Spanien als S. L. liegt – die im Prinzip eine deutsche GmbH darstellt, nur eben für 7/8 weniger Kosten. Dann ist das ein spannender Ansatz. Darauf komme ich später zurück. Losgelöst von der Rechtsform ist, wie gesagt, nicht jedes Land dazu geeignet, bei Amazon verkaufen zu können. Über die Wichtigkeit eines solchen

38

Marktes brauche ich nicht mehr viel zu sagen. Wenn du bei Amazon, sei es mittels Fulfillment oder als Seller-Central-Verkäufer, handeln möchtest, ist die Liste möglicher Länder sehr beschnitten, zumindest dann, wenn du steuerlichen Vorteilen oder dem Thema Anonymität größere Wichtigkeit zukommen lässt. Bevor du also ein Amazon-Konto eröffnest, solltest du diese Einschränkungen beachten, ebenso wie die in der Planung der Destinationen (falls du die Ware innerhalb von Europa oder in den Märkten USA oder UK verkaufen möchtest). Hongkong, Singapur, die Vereinigten Arabischen Emirate, beispielsweise Dubai, und Mauritius sind Staaten, in denen es besagte Überschneidungen gibt. Also Wege zur Steueroptimierung und dem uneingeschränkten Warenvertrieb. Grundsätzlich ist die Liste möglicher Länder länger, aber im Hinblick auf ein verfügbares Warensortiment und Verkaufsberechtigungen in Kombination mit einer möglichst liberalen Steuer, kennst du meine Favoritenländer. Für Händler, die im UK oder in der EU – somit auch in Deutschland – verkaufen möchten, gelten nebenstehende Länder. Prüfe gern selbst, ob du individuelle Favoriten erarbeiten kannst. Dies ist sicherlich von Business- zu Businessvorhaben individuell.

Liste jener Länder, die derzeit auf Amazon.co.uk (und innerhalb der EU) im Hinblick auf eine Vertriebsfreigabe unterstützt werden. Bitte beachte, dass du innerhalb eines der folgenden Länder ansässig sein musst, zudem eine lokale Telefonnummer sowie eine international aufladbare Kreditkarte benötigst:
Argentinien
Australien
Belgien

Brasilien
Bulgarien
Chile
China
Dänemark
Deutschland
Estland
Finnland
Frankreich
Französisch-Polynesien
Französisch-Guayana
Georgia
Gibraltar
Griechenland
Großbritannien
Guadeloupe
Guernsey
Hongkong
India (englische Dokumente)
Indonesien
Irland
Island
Isle of Man
Israel
Italien
Japan
Jersey
Jordanien
Kambodscha
Kanada
Katar
Kroatien
Kuwait

Lettland
Liechtenstein
Litauen
Luxemburg
Malaysia
Malta
Martinique
Mauritius
Mayotte
Mexiko
Neu-Kaledonien
Neuseeland
Niederlande
Norwegen
Österreich
Philippinen (englische Dokumente)
Polen
Portugal
Puerto Rico
Republik Korea
Rumänien
Schweden
Schweiz
Singapur (englische Dokumente)
Slowakei
Spanien
Südafrika
Taiwan
Thailand
Tschechien
Ungarn
Vereinigte Arabische Emirate
Vereinigte Staaten von Amerika

Vietnam
Zypern

Hier noch einige Alternativen in aller Kürze – die auch ohne Amazon funktionieren. Der Unterschied wird wohl sein, dass sich das Vorangegangene mehr auf das laufende Business und auf die Start- bzw. Expansionsphase bezieht. Die nun folgenden Inspirationen dienen eher der Steueroptimierung, wenn der Laden bereits etwas in Schwung gekommen ist bzw. wenn es am Schönsten ist und somit Zeit, zu „gehen".

Beispiel Panama: Nur 80.000 US-Dollar, die in Forstprojekte investiert werden, bringen dir ein Jahr später ein Dauerbleiberecht!

200.000 US-Dollar kostet hingegen eine Staatsbürgerschaft samt Bleiberecht im karibischen Steuerparadies Antigua und Barbuda. Dort gibt es beispielsweise keine Einkommenssteuer!

Ebenfalls spannend: St. Lucia. Mit dem nötigen Kleingeld von 250.000 US-Dollar darf eine vierköpfige Familie dauerhaft auf der Karibikinsel leben. Besagte Summe muss lediglich als Einzahlung in den sogenannten National Economic Fund im Rahmen des „Citizenship by Investment Programme" gewährleistet werden.

Spannend für alle ausländischen Ex-Manager, die keine Steuern auf ihre Pensionen und Privatrenten zahlen möchten: In Portugal gibt es ein Programm namens 20 %-flat tax!

Großbritannien ist noch immer interessant, Brexit hin oder her. Die ersten sieben Jahre kann jeder partizipieren. Vorausgesetzt, er zählt als reicher Zuwanderer: „Non-dom-Status" (Non Domiciled Status) in Ruhe. Für die Vorgefahren sind 30.000 Pfund pro Jahr pauschal fällig.

Natürlich darf Zypern mit null Steuern auf Zinsen, Dividenden und Mieteinnahmen reicher Zuwanderer nicht in dieser Liste fehlen.

Und auch, wenn es in Russland öfter kälter ist, wird einem richtig warm ums Herz bei dem Gedanken, dass auf das Einkommen nur 13 % Steuern gezahlt werden.

Fast schon ein Klassiker, wenn es um Steuern geht: die kleine unbescheidene Insel Malta. Eine Million Euro kosten Bleiberecht und Staatsbürgerschaft in dem EU-Staat mit mildem Steuerklima. Aufgestückelt wird das Ganze zum einen mit einer Einzahlung von 650.000 Euro in den „National Development and Social Fund" und zum anderen durch den Erwerb einer Immobilie im Wert von mindestens 350.000 Euro.

Selbst Milliardäre müssen nur 400.000 Franken pro Jahr als Einkommen in der Schweiz versteuern bzw. das Siebenfache der Jahresmiete, wenn dieser Betrag höher sein sollte. Mehr als 5.000 Superreiche aus dem Ausland kommen in den Genuss dieses Steuerprivilegs.

Bei diesen Vor- und Nachteilen kannst du schon etwas ins Grübeln kommen. Ein Insider, wie ich nur wenige kenne, sagte mir einmal, dass die Struktur- und Offshore-Gedankenexperimente nur Sinn machen, wenn mindestens 5.000 Euro Nettogewinn im Monat erwirtschaftet werden. Zugegeben, das ist nicht wirklich unmöglich im Dropshipping-Business. Jedoch sollten sich gerade Gründer nicht von der Bürokratie im Kopf verunsichern lassen. Aus eigener Erfahrung kann ich bestätigen, dass viele Ideen schön sind, aber deine Bewährung und Reifung ist genauso wichtig. Dies betrifft besonders die Finanzen. Hochgesteckte Ziele zu entwickeln, ist gewiss sehr gut. Die Treppe also von oben kehren … Aber es bedarf des Balanceaktes zwischen größer- und weiterdenken und überhaupt erst anzufangen. Das wird häufig verkannt, die Wichtigkeit, den ersten Schritt zu machen – und dies im Heimatmarkt. Ein Businessplan kann durchaus helfen, etwas Struktur in deine Gedanken zu bekommen und das Konzept von Dropshipping und einer Kosten-Nutzen-Rechnung zu erarbeiten. Wie gesagt, der Firmenstandort und die passende Rechtsform sind notwendige Entscheidungen, die aber immer auch nachjustiert werden können. Mit deinem Unternehmen zu wachsen, muss also die Devise lauten. Wir schauen uns daher im folgenden Kapitel an, auf was du bei deinem Dropshipping-Business achten musst und wie du dies in einem Businessplan niederschreiben könntest. Losgelöst davon, ob du Kapital benötigst (etwa, weil dich unser Elite-Dropshipping interessiert) oder du nur auf Nummer sicher gehen möchtest: Es ist wichtig zu verstehen, dass Dropshipping nicht binnen 14 Tagen in einer Gratis-Shopsoftware-Demo funktioniert. Aber es bedarf auch keiner Eile, wenn du weißt, dass Dropshipping kein Trend ist.

Die wichtigsten Grundregeln vor deinem Businessplan

Ein gut ausgearbeiteter Businessplan stellt unter Beweis, dass du dich mit sämtlichen Aspekten einer Unternehmensgründung und der anschließenden Unternehmensführung ausführlich auseinandergesetzt hast. Auch wenn du kein Kapital für Waren benötigst, kann ein guter Businessplan dich vor Lehrgeld und Illusionen schützen, und: So ganz ohne Geld ist es schwer. Doch selbst dann ist es nicht unmöglich, vielmehr ist es nur so, dass es eben länger dauert. Das ist jedoch kein Kriterium, kein Dropshipping zu betreiben. Selbst, wenn du mit nur einem Lieferanten beginnst und dieser nur zwei Artikel im Sortiment hat, sind dies zwei potenzielle Einnahmequellen. Bei einem solch kleinen Sortiment kommt hinzu, dass du kaum Software benötigst, um den Überblick zu behalten.

Ein guter Plan beleuchtet drei mögliche Wege. Zum einen: Was wäre, wenn du scheiterst? Eigentlich kann nicht viel weniger sein als momentan. Denn wenn du nicht beginnst, hast du bereits verloren. Wenn der Weg positiv verläuft, kann Dropshipping dein Nebenverdienst werden, und wenn alles richtig gut läuft, wirst du davon leben können. Es wird zu deinem Hauptjob und eine Vollexistenz. Zum einen bekommst du Ratschläge von Beratern. Solche sind nicht falsch und gewiss solltest du über den Tellerrand schauen. Für einen Businessplan musst du dies auch. Aber – und dies ist extrem wichtig – wenn du unabhängig arbeiten möchtest, gilt es, folgende Lektionen zu verinnerlichen. Die Schule des Lebens schreibt auch deine Geschichte, ebenso wie meine. Ich möchte dir daher, bevor wir zu dem stupiden Planen kommen, einige Inspirationen für dein eigenes Denken und Handeln geben. Deine Einstellung ist wichtig, denn nur, wenn du positiver Dinge bist, wird sich dies in einem überzeugenden Plan wiederfinden. Und darum geht es, deine Überzeugung muss zuerst dich erreichen, dann womöglich deinen Banker oder einen Geschäftspartner. Es ist wichtig, dass du nicht vor Problemen oder der Unwissenheit wegläufst. Auch wenn du dir nicht sicher bist, ob du von deiner Selbstständigkeit leben kannst, auch wenn du nicht jeden Cent an Unkosten planen kannst, so musst (!) du doch aktiv werden. Planzahlen und Zukunftsprognosen sind kein Blick in die Glaskugel. Bei einem Businessplan ist diese Unverbindlichkeit in einem gewissen Maß einkalkuliert. Du kannst nichts falsch machen. Wichtig ist, dass du beginnst und im Laufe des Geschäftsbetriebs Optimierungen vornimmst. Starte dein Gewerbe mit einem Sortimentsbereich, der dir liegt. Dein Hobby oder jetziger Shop bzw. das Studium könnten richtungsweisend sein. Deine Gewerbeanmeldung kannst du jederzeit ändern, deine Mitarbeiter jederzeit schulen bzw. durch neue ersetzen/ergänzen. Eine Planung ist die halbe sprichwörtliche Miete, aber noch viel, viel wichtiger ist, dass du beginnst. Auch wenn du kaum finanzielle Mittel hast, wenn du auf den Tag wartest, an dem „du es dir leisten kannst", wirst du nie starten. Denn das Heute resultiert aus dem Gestern und das Morgen aus dem Heute. Wenn du nichts änderst, wird morgen nichts besser sein als heute. Wenn du unzufrieden bist mit der aktuellen Situation, dann nur, weil die Entscheidungen in der Vergangenheit nicht zielführend waren. Ein Grund mehr also, etwas zu ändern. Es gibt keine Sicherheiten. Und vieles ist nicht planbar. Diese Tatsache musst du dir eingestehen. Je schneller du an dich und deine Talente glaubst, desto schneller kannst du finanziell unabhängig werden. Du kannst wie ich dort arbeiten, wo andere Urlaub machen. Beginn mit Dropshipping, wenn du dich für Handel und Internet interessierst. Beginn mit etwas anderem, wenn du denkst, dass dies oder jenes mehr zu deiner Person passt. Doch mach den ersten Schritt in die Selbstständigkeit. Nur dann kannst du Steuern sparen und Unternehmen an den tollsten Orten gründen. Bedenk immer, als Angestellter verkaufst du deine Zeit – nicht dein Wissen. Dieser Deal ist sehr schlecht. Ängstliche Menschen gehen diesen Weg, da er sicher erscheint. Doch so wirst du niemals Reichtum erlangen können. Deine Zeit ist beschränkt und der höchste Stundenlohn ist limitiert. Als Unternehmer, der sich entscheidet, ein Dropshipping-Business aufzubauen, kannst du dein Business skalieren. Du kannst Kunden auf der ganzen Welt erreichen. Du musst die Bestellungen nicht versenden oder verpacken. Darum kannst du Geld verdienen, während du im Urlaub bist. Während ich diese Zeilen schreibe, sitze ich an Deck der AidaPerla und fahre durch das Mittelmeer. Ich schwimme im Pool und genieße die Aussicht vom 16. Deck samt privater Wellness-Suite. Doch ich verdiene Geld. Ich arbeite und lebe auf Mallorca, wo andere Urlaub machen und verdiene Geld. Wie sieht es bei dir aus? Was ich dir damit sagen möchte, ist, in deinem Businessplan musst du notieren, dass du ein skalierbares Business hast. Dass du eventuelle Investorengelder leichter zurückzahlen kannst als viele andere Gründer. Denn dein Business ist gewiss skalierbar. Es ist praxiserprobt, ich bin mit zwölf Jahren Praxiserfahrung ein lebender Beweis. Du kannst also besten Gewissens sagen, ja, du hast deine Geschäftsidee systematisch durchdacht, Chancen

und Risiken abgewogen und die mutige Entscheidung getroffen, mit strukturiertem und fokussiertem Vorgehen einen umsetzbaren Plan zu entwerfen. Jeder gute Businessplan beeindruckt durch Klarheit. Ich habe für eigene Unternehmen bzw. solche, die es werden sollten, etliche geschrieben. Ich habe vor namhaften Großinvestoren und vor den Business Angels gepitcht. Letztere sind Privatinvestoren, die neben Geld Know-how einbringen. Heute sehe ich mich selbst als einer dieser Investoren. Doch dazu später mehr. Dein Businessplan muss auf alle Fragen der unterschiedlichen Leser eine angemessene Antwort beinhalten. Dein Businessplan überzeugt daher durch Priorisierung der einzelnen Aussagen und durch die Konzentration auf das Wesentliche. Ein Umfang von ca. 35 Seiten ist meist angemessen, im Einzelfall auch mehr. In der Praxis habe ich die Erfahrung gemacht, dass viele Interessierte keine Zeit haben, deinen Plan komplett zu lesen. Sie überfliegen meist nicht einmal. Darum hat sich für mich der One Pager bewährt. Ein Muster findest du beispielsweise hier:
https://www.business-angels.de/start-ups/der-weg-zum-business-angel/

Auf einer Seite, maximal auf zwei Seiten muss dein komplettes Business dargestellt werden, inklusive Planzahlen. Wenn diese Seiten überzeugen, kann der ausführliche Businessplan angefordert werden. Dies mindert die Gefahr, dass sich jemand unberechtigterweise an deinem Plan zu schaffen macht und diesen ohne dich umsetzt. Doch das Dropshipping-Business ist kein Hexenwerk, weshalb die Gefahr im Grunde genommen nicht besteht. Und selbst wenn du ein Unikat, etwas wirklich Innovatives entwirfst, bin ich der Überzeugung, dass niemand dich kopieren kann. Du bist es, der Erfolgsgeschichte schreibt. Kein Unternehmen kann ohne eine Vision und deren Umsetzung erfolgreich werden. Selbst wenn jemand deinen gesamten Plan kennt, sind die Details, Kontakte und die Vision nur in deinem Kopf. Ohne Durchhaltevermögen kann niemand deinen Plan kopieren. So ist es auch kein Wunder, dass viele Webshops zwar das gleiche verkaufen, nicht selten zum gleichen Preis. Aber: Der eine Shop macht Umsatz und ein anderer macht zusätzlich Gewinn. Von denen ganz zu schweigen, die weder das eine noch das andere tun.

Völlig unangebracht ist eine zu kritische Darstellung oder Hinweise auf mögliche Fehler in der Vergangenheit. Angaben im Businessplan sollten sachlich richtig sowie nach bestem Wissen und Gewissen gemacht werden. Ich habe in zahlreichen Gesprächen den Eindruck gewonnen, dass viele Dropshipper zum Start nicht wissen, wie sie starten sollen. Sie erwarten, dass andere ihnen sagen, was sie wo zu welchem Preis von welchem Lieferanten verkaufen sollen. Oft mag es hilfreich sein, ein Problem des Kunden zu beschreiben und schließlich die Lösung zu bieten. So entsteht ein kompetenter Eindruck beim Leser des Businessplans. Die meisten Leser, z. B. Banker, werden in der Praxis fachfremd sein. Technische Details zum Produkt oder zum Fertigungsverfahren werden diese wahrscheinlich überfordern. Wenn du jedoch nicht weißt, was du wo verkaufen möchtest, liegt die Gefahr besonders nahe, dass du entweder „um auf Nummer sicher zu gehen" zu viele unwichtige Details einbaust oder du bleibst zu allgemein, weil du dich erst noch finden und dich nicht schon festlegen möchtest. Doch genau das musst du. Ich halte nichts davon, dass du ein Gewerbe anmeldest nach dem Motto „Bauchladen". Auch wenn dies rechtlich geht, ein Gewerbe für einen Versandhandel mit allgemeinem Warenhandel zu eröffnen. Dennoch ist es nicht zielführend. Du wirst damit keinen Lieferanten überzeugen und keinen Investor bei Laune halten. Wenn dir Ideen fehlen und du abseits der üblichen Tipps wie AdWords Keyword Planen von Google recherchieren willst, lautet mein Tipp: Amazon. Besser gesagt, das Browser-Plug-in Sonar Chrome Extension. Dieses zeigt die Ergebnisse gemäß der Nachfrage direkt auf Amazon an. Wenn das Plug-in aktiviert ist und du ein Produkt auf Amazon aufrufst, werden direkt über dem Produkt die passenden Keywords angezeigt, über die das Produkt von den Käufern gefunden wird und (!) seine Umsätze generiert. Diese Daten sind ideal für deinen Businessplan geeignet! Leser aller Art lieben Fakten, und da du dich auf ein renommiertes Tool als Quellenangabe stützen kannst, wirkt dies souveräner als nur eine Idee oder Schätzung. Das angezeigte Suchvolumen der einzelnen Keywords hilft dir ebenso wie jedem Leser deines Plans, besser einschätzen zu können, wie relevant jeder Suchbegriff ist. Da du dich auf Amazon bewegst, sind Begriffe insofern Artikel. Und in einem Webshop sind Artikel dein künftiger Umsatz. Wenn du also weißt, was sich bei Amazon zu welchem Preis und in welcher Regelmäßigkeit verkauft, dürfte es leicht werden, ein passendes Sortiment zusammenzustellen. Natürlich bedarf es eines Ausgangspunktes für deine Suche. Erinner dich daher an meinen Tipp von vorhin. Beginn mit deinem Hobby oder sonstigen Affinitäten deinerseits. Von diesem Punkt aus kannst du mit der Suche starten. Einmal gestartet, kannst du direkt auf Amazon nach Wettbewerbern und nach Topseller-Produkten suchen. Auch wenn du zu Beginn noch nicht weißt, welche Produkte Topseller sind, es genügt, den ersten Schritt zu tun. Von deinem ersten Treffer hangelst du dich Suchwort für Suchwort voran. Nach einigen Stunden Arbeit wirst du ein gutes Marktgespür erhalten. Wenn du diese Produkte auf den internationalen Webseiten von Amazon prüfst, kannst du deinen Businessplan um diesen Skalierungseffekt ergänzen. Da ein guter Businessplan das Marketing berücksichtigt, hast du mit dieser Vorangehensweise auch diesen Schritt abgefrühstückt. Deine gesponserten Produktkampagnen auf Amazon kannst du fokussiert ausbauen oder bei der Produktrecherche für dein Konzept verwenden, um deine Nische zu finden bzw. diese zu optimieren. In deinem Marketingteil kannst du dein frisch erlangtes Wissen zum Thema Klick-Tipp E-Mail-Marketing integrieren. Was könnte es Besseres geben, als auf Amazon nach passenden Produkten zu suchen und diese Käufer zielgerichtet für deinen eigenen Gambioshop anzusprechen? Derartige Upselling-Strategien machen sich sehr praxisnah in deinem Businessplan. Ein Wort noch zum vorgestellten Sonar Chrome Extension. Wenn du es nicht sehen möchtest, kannst du jederzeit das Plug-in mit einem einfachen Knopfdruck ausschalten.

Abschließend blicken wir noch einmal auf deinen Businessplan. Dieser sollte wie aus einem Guss wirken. Achte darauf, dass sämtliche Ausführungen, deine Sprache und Detailtiefe harmonisch gestaltet sind. Vorteilhaft ist es, wenn zum Ende der Arbeit eine Person die Reinschrift und einheitliche Gestaltung übernimmt. Ein Lektorat sollte sich ebenfalls immer anschließen. Spätestens jetzt sollte dir klar werden, warum wir nicht in 14 Tagen einen Webshop eröffnen können. Dropshipping ist kein Schnell-reich-werd-System, aber du kannst mit Dropshipping reich werden. Reich an Erfahrungen sowie im materiellen Sinne. Dein Businessplan ist der erste Schritt. Du solltest diesen gehen, egal, wo du aktuell stehst. Wenn du noch angestellt bist, beginn deine ersten Gehversuche als Selbstständiger mit Dropshipping. Wenn dein Mut langsam zunimmt, weil sich erste Erfolge durch Verkäufe abzeichnen, solltest du darüber nachdenken, einen Deal mit deinem jetzigen Chef auszuhandeln. Biete ihm an, einen Teil deines Gehalts variabel zu verdienen. Eine erfolgsbasierte Abrechnung ist auch das Dropshipping-Business. Du bekommst einen Gewinn, wenn du einen Käufer gefunden hast. Außerdem bekommst du von Tag zu Tag mehr Freizeit bzw. Selbstbestimmtheit in deinem Leben. Auch wenn du denkst, dass dein Chef nicht mitspielen wird, darf ich an deinen Businessplan erinnern. Hast du bereits Mitarbeiter eingeplant? Nein? Nun ja, Dropshipping braucht keine Lagermitarbeiter, da du kein Lager führst – das stimmt. Aber womöglich wäre jemand, der die Suchmaschinenoptimierung übernimmt, langfristig eine Bereicherung? Oder ein guter Steuerberater, der Datev-online(!)-affin ist? Dein Plan sollte optimistisch in die Zukunft blicken. Da du fortan nicht mehr deine (!) Zeit gegen Geld tauschen möchtest, musst du diesen Wandel berücksichtigen. Verhandel darum mit deinem jetzigen Arbeitgeber. Rechne im vor, wie viel Geld er direkt ab morgen sparen wird, wenn du nicht mehr fix auf der Lohnliste stehen würdest! Lass dich nicht von der Tatsache abschrecken, dass du dann einige Nebenkosten wie die Sozialversicherung und die Krankenkasse selbst bezahlen musst. Als Arbeitnehmer bekommt jeder vor dir seinen Anteil. Die gerade genannten „Einrichtungen" sind nur ein Beispiel. Der Staat lässt sich bekanntlich alles gerne versteuern. Blöd ist nur, dass du als Arbeitnehmer als Letzter bezahlt wirst. Als Arbeitgeber, sprich Unternehmer, mit deinem eigenen Dropshipping-Business kannst du deine Ausgaben steuern. Du zahlst also Löhne oder Gehälter, auch deinen als Geschäftsführer, zuerst. Die Steuer, die du bezahlen musst, kannst du insofern beeinflussen und begünstigen. Und so schließt sich der Kreis, warum du bei deinem Gründungsvorhaben prüfen musst, in welchem Land du einen Amazon-Shop bzw. den Firmensitz anmelden möchtest. Aber bedenke, deine Entscheidungen lassen sich widerrufen bzw. korrigieren! Wenn du es nicht probierst, wirst du immer Zeit gegen Geld tauschen müssen. Es wird Zeit, dass dein Geld für dich arbeitet. Dropshipping bildet die Grundlage hierfür! Skalier dein Vorhaben, minimier deinen Einsatz.

Preise gestalten und Rendite steigern

Nicht nur im Businessplan geht es um Zahlen, auch jeder Artikel, den du verkaufst, hat seinen Preis. Obwohl sich im E-Commerce die Preise inzwischen extrem schnell verändern und es sogar personalisierte Preise gibt, ist es wichtig, zu wissen, wer bereit ist, wie viel zu bezahlen. Im Grundsatz war dies immer so. Wenn du ein Firmengebäude kaufen möchtest, könnte dein Investor fragen, warum du 980.000 Euro und nicht 978.781,63 Euro bezahlen sollst. Wie kommen Preise zustande? Klar ist, jeder nimmt seinen Einstandspreis, den sogenannten EK/Einkaufspreis, und rechnet sämtliche Kosten hinzu, Steuern, Zoll, Versand etc. Verkaufst du den Artikel bzw. in diesem Fall das Büro, dann sollte ein Gewinn übrig bleiben. Die Differenz aller Kosten, wenn du so möchtest. Das Thema Preise ist sehr komplex und es kommt mitunter stark darauf an, ob du es mit einem Profi oder mit einem Laien zu tun hast. Je nachdem, wer am Verhandlungstisch sitzt, kann der Preis entscheiden, ob gekauft wird oder nicht. Und dabei können wenige Cent oder Euro ausreichen, wie die Eingangsfrage zeigen wird. Der Forscher David Loschelder von der Universität Lüneburg protokollierte mehr als 230 Verhandlungen. Es sollten zum einen Laien und zum anderen professionelle Immobilienmakler für besagtes Bürohaus bieten. Der Preis variierte dabei um die 980.000 Euro für die Immobilie. Ein Teil der Probanden ersonnen eine auf Heller und Pfennig undefinierbare Summe in Höhe von 978.781,63 Euro. Bei der Auswertung entdeckten die Wissenschaftler, dass ein genauer Preis bei den unerfahrenen Probanden ordentlich Eindruck zu schinden schien. Wurden diese mit einer besonders krummen Summe konfrontiert, konterten diese ebenfalls mit einem höheren Gegenangebot. Jedoch trauten sie sich offenbar nicht, mit dem Preis weiter nach unten zu gehen. Das entspricht den Ergebnissen früherer Untersuchungen. Anders sah es bei den Immobilienexperten aus: Bei ihnen zog ein moderat genauer Preis mit fünf Null-Stellen verschiedenen Zahlen das höchste Entgegenkommen nach sich. Bei Angeboten, die bis auf die letzte Nachkommastelle ausformuliert waren, versuchten sie, den Preis stärker zu drücken. Dieses Phänomen beobachteten die Wissenschaftler nicht nur bei Immobilienmaklern, sondern auch bei Schmuckexperten bzw. Laien, die für eine Diamanthalskette bieten sollten. Sie glauben, dass Amateure und Profis krumme Summen gleichermaßen ungewöhnlich finden, daraus aber unterschiedliche Schlüsse ziehen: Amateure scheinen demnach zum Entschluss zu kommen: Mein Gegenüber muss wirklich einige Zeit darüber nachgedacht haben. Oder so etwas wie, „der muss aber sehr kompetent sein". Experten zweifeln dagegen eher an der Kompetenz des anderen, so Loschelder. Präsentierten die Forscher ihren Probanden allerdings wirklich gute Gründe, warum es genau dieser Preis sein sollte, ließen sich auch die Experten stärker auf die Angebote mit Centbeträgen ein. Für dein Dropshipping-Business kann ich daher festhalten, auch wenn es um Webshop-Artikel wie etwa Schmuck geht, kannst du bei deinem Endkunden mit verschiedenen Preisgestaltungen die Kaufwahrscheinlichkeit maximieren. Dazu bedarf es einer guten Zielgruppenkenntnis. Diese hast du der Regel nach eher in einem vertrauten Markt. Dies macht sich zudem als Expertise im Businessplan gut. Später werden wir noch sehen, dass es Software-Tools gibt, die die Preisgestaltung für dich übernehmen. Es ist zu Beginn wichtig – auch wenn die

Kosten für derartige Tools gespart werden sollten –, genauere Kenntnis über deine Käufer zu haben. Bedenk bitte, dass selbst im Supermarkt bei dir vor Ort digitale Preisschilder keine Seltenheit mehr sind. Faktisch gibt es überall Bestpreise – und „Wir sind die Preiswertesten"-Versprechen. Doch diese Zeiten sind vorbei. Langsam und unbemerkt schleichen sich für die Kunden Höchstpreise ein. Das Beste ist, der Verbraucher merkt das nicht und glaubt weiterhin an „seinen Bestpreis im Netz". Das ist so über Jahre eingeimpft worden. Im Internet ist vieles kostenlos – denk nur an meine YouTube-Videos – und wenn du dann doch mal zahlen musst, gibt es häufig Rabatte. Stimmt doch, oder? Individuelle Preise sind der logische Schritt – oder sagen wir, notwendiges Übel? „Heutzutage kennen die Leute von allem den Preis, aber von nichts den Wert", schrieb der irische Schriftsteller Oscar Wilde bereits 1891. Recht hat er, die Aussage trifft genau die aktuelle Gefühlslage. Mehr als 100 Jahre später erstrahlt sein Zynismus fast schon euphemistisch!

Der Erdbeerjoghurt kostet heute 79 Cent, zumindest für mich. Für die ältere Lady, die kurz darauf am Regal steht, sind es nur 59 Cent, der Grund ist ihre etwas geringere Zahlungsbereitschaft. Kein Wunder, bei den mickrigen Renten aktuell. Der Supermarktbetreiber kennt das Einkaufsverhalten seiner Kunden und hat kurzerhand den Preis für den Joghurt für die Seniorin herabgesetzt. Zugegeben, die Situation ist fiktiv. Aber dennoch spiegelt sie wider, was Unternehmen und Verbraucher in Zukunft erwarten könnte: Preisdifferenzierung. Es ist bereits heute so, dass der Flug mit einem Smartphone von Apple unter Umständen mehr kostet als derselbe Flug, wenn er mit einem Androidgerät angefragt wird. Auch können

Standort und Zeitpunkt die Preise massiv verändern. Es ist offensichtlich, dass eine klug eingesetzte Preisstrategie die Gewinne erhöhen kann. Auch Nachfragespitzen können so geglättet werden. Doch wie reagieren die Konsumenten, wenn sich solche Nachrichten in den nächsten Jahren häufen? Vermutlich werden alle lernen, damit zu leben – dir als Dropshipping-Unternehmer sollte diese Entwicklung freudige Augen bereiten. Wie bereits angemerkt, ist es bereits heute so, dass ich bei Amazon & Co. mehrfach während eines Tagesverlaufs die Preise ändere. Das Risiko liegt im Markenimage. Nur starke Marken – wie etwa Amazon – können es sich leisten, die Grenzen der dynamischen Preisfindung bis hin zum individuellen Preis auszuloten. Kleine Marken haben es schwerer. Darum solltest du an dein Business glauben und es nachhaltig und somit langfristig ausrichten. Gelingt dir das, kannst du 1:1 (personalisierte) Preise kommunizieren. Bedenke, dein Kunde möchte immer das „Warum" wissen. Warum muss er mehr oder weniger zahlen? Verschiedene Preise müssen nichts Unseriöses sein. Wenn du einem Kunden mehr abrechnest, dafür aber binnen weniger Stunden lieferst, ist das unter Umständen völlig okay. Du musst Nutzen und Mehrwert verkaufen, dann sind Kunden bereit, dafür zu zahlen. Ich gebe dir ein Beispiel: Unser Elite-Dropshipping kostet gegenwärtig 6.500 Euro netto. Die Aufbauphase für dieses komplett schlüsselfertige Business dauert sechs bis acht Wochen. Wenn du es zum einen schneller, in sieben Tagen (!), und zusammen mit mir und unserem Team (live) aufbauen möchtest, kannst du uns auf Mallorca besuchen. Die Kosten in Höhe von 12.000 Euro netto fallen bei der richtigen Zielgruppe nicht ins Gewicht. Böse Zungen könnten nun behaupten, dass das Endprodukt das gleiche ist. Somit wären wir an der Stelle, an der zwei Menschen für das Gleiche unterschiedliche Preise, hier fast das doppelte, zahlen. Doch dem ist bei genauerem Hinsehen nicht so. Keineswegs! Neben gesparter Zeit ist der Live-Faktor nicht zu unterschätzen. In sieben Tagen können eine Menge Hintergründe vertieft werden, was unbezahlbar ist. Ganz zu schweigen von dem Expertenteam, das um dich herum präsent ist. Rechtsanwälte, Notare, Steuerberater, IT-Experten und viele mehr – jede Frage kann spontan und ohne Wartezeiten oder Extrakosten beantwortet werden. Dies ist der Nutzen! Hinzu kommt der materielle Nutzen, du kannst bis zu sieben Wochen schneller mit dem Geld verdienen anfangen! Erkennst du die Chance für dein Business? Welche Produkte oder Services kannst du schaffen und dich dadurch unverwechselbar machen? Auch oder gerade dann, wenn du keine Whitelabel-Marke und kein eigenes Brand hast?!

Die Fragen nach der Preisgestaltung und des Nutzens sind nicht neu. Bedenke, dass vor jenem Dilemma auch der stationäre Handel in deinem Ort bzw. vor deinem Start steht. Mit den digitalen Preisschildern ist der Kampf noch nicht gewonnen, soviel ist nun klar! Die zentrale Frage ist, wie reagiert dein Kunde, wenn er hört, dass Saturn in Ingolstadt per digitalem Preisschild die Preise ständig ändert? Das Risiko eines Imageverlustes ist insbesondere dann gegeben, wenn zwei Kunden gleichzeitig unterschiedliche Preise für den identischen Artikel angezeigt bekommen. Wenn du deine individuelle Bepreisung nicht klar kommunizierst, geht das schnell nach hinten los! Die transparente Steuerung und Kommunikation ist also wesentlich und unerlässlich. In meinen Augen ist es für dich als angehender Dropshipper von größter Wichtigkeit, nicht mit versteckten Tricks und verborgenen Preisanpassungen zu arbeiten, sondern einen Mehrwert zu bieten. So wie ich es mit unserem Elite-Dropshipping in acht Wochen bzw. mit dem Elite-Live in sieben Tagen mache! Du bewegst dich womöglich auf des Messers Schneide. Preispolitik ist immer Teil des Marketings und sollte daher klar in deinem Businessplan kommuniziert werden. Ich rate dir davon ab, dass du nun weiche Knie bekommst und alles bei statischen Preisen belässt. Alle „Nicht-Amazon/-Saturns" machen das offenbar so. Sei mutiger als die anderen! Bau dein Selbstvertrauen auf, es kostet dich kein Geld und nicht wirklich Zeit! Experimentiere! Nun noch ein Beispiel, wie Preise offenkundig willkürlich verändert wurden. So solltest du es nicht machen! Die Billigfluglinie Easyjet stand im Mittelpunkt, als ein Redakteur vom Hamburger Abendblatt vor einigen Monaten einen nicht nachvollziehbaren Preisanstieg um satte 24 % innerhalb weniger Minuten zur Kenntnis nehmen musste. Der Redakteur fragte verständlicherweise nach dem Grund. Beim dritten Kontakt mit der Airline erfuhr er, dass das Flugzeug nicht mal zur Hälfte ausgebucht war und nicht ansatzweise ein Grund für die Verteuerung bestand. Der einzige Grund bestand in seinem wiederholten Seitenaufruf! Seinen Flug buchte er im Reisebüro zu einem Preis, der noch unter dem ersten von Easyjet lag. Preisstrategien gibt es eben, sinnvolle und weniger nachvollziehbare! Denk immer an den Grund. Ich kann jeden Preis mit einem Warum beantworten. Warum bin ich so preiswert oder teuer? In diesem Zusammenhang möchte ich dir noch etwas Wichtiges mit auf den Weg geben. Verkauf deinen Kunden nie für blöd! Gerade die AliExpress-Verkäufer scheinen mir dies recht häufig zu versuchen. Womöglich irre ich mich...

Abschließend werfen wir einen Blick auf das Rechtliche, also was du in Bezug auf die Preise machen darfst. Da ich kein Rechtsanwalt bin, erheben die folgenden Gedanken keinen Anspruch auf Vollständigkeit oder Korrektheit. Sie gewähren dir ein Feeling für die Richtung.

Zunächst lohnt meiner Meinung nach ein Blick auf die Dienstleistungsrichtlinie der Europäischen Gemeinschaft. Diese verbietet eine Preisdiskriminierung aufgrund des Wohnsitzes in einem anderen Mitgliedsstaat oder der Staatsangehörigkeit. In Deutschland gilt zudem ein mehrfach gesetzlich geregeltes Diskriminierungsverbot. Grundlage ist, die Gleichbehandlung jedes Menschen durch den Staat zu sichern. Preisanpassungen sind demnach verboten, wenn sie unmittelbar aufgrund folgender Kriterien vorgenommen werden: Geschlecht, Abstammung, Rasse, Sprache, Heimat und Herkunft, Glaube, religiöse oder politische Anschauungen oder Behinderung. Zulässig ist eine Ungleichbehandlung laut Allgemeinem Gleichbehandlungsgesetz (AGG) dann, wenn sie durch objektive Kriterien gerechtfertigt ist. Zu diesen zählen beispielsweise saisonbedingte Veränderungen der Nachfrage, Preisveränderungen bei Mitbewerbern oder höhere Lizenzkosten für die Bereitstellung urheberrechtlich geschützter Inhalte in bestimmten EG-Mitgliedsstaaten. Eine höhere Zahlungsbereitschaft oder ein höheres Durchschnittseinkommen rechtfertigen keine höheren Preise. Wie du siehst, kannst du mit individuellen Preisen durchaus mehr Geld in die Kasse spülen. Du kannst aber auch dein Image an- bzw. verkratzen. Wenn du deine Preise automatisch gestalten möchtest, wird dir das folgende Kapitel gefallen.

Preisoptimierung von ClouSale für Amazon und eBay

Preise sind das Zünglein an der Waage, das haben wir bereits gesehen. Auf YouTube habe ich bereits häufiger von der ClouSale geschwärmt. Mir ist klar, dass es ähnliche Software am Markt gibt. Doch mir ist wichtig, dass ich nur das empfehle, was ich selbst nutze und es erschwinglich für dich ist. Als E-Commerce-Händler kannst du nicht 24 Stunden lang gezielt den Markt screenen. Genau dafür gibt es virtuelle Helfer. Clever eingesetzt bedeutet dies eine Umsatzsteigerung von rund 50–60 %. Dabei optimiert das Tool alle zwei Minuten deine Artikelpreise anhand des Verhaltens der Konkurrenz. Eine intelligente Preisoptimierung ermöglicht auf Plattformen wie Amazon und eBay eine beeindruckende Gewinnmaximierung. Dabei ist es egal, ob du ein kleiner oder ein großer Händler bist. Jeder Artikel kann optimiert und gezielt auf dem Markt positioniert werden. Nur optimierte Artikel und die gezielte Ausrichtung an den Markt ermöglichen die volle Ausschöpfung der Marge und die Maximierung der Verkäufe. Im Schnitt werden 85 % der Verkäufe bei Amazon über die sogenannte BuyBox („Einkaufswagen-Feld") generiert, und: Nicht immer ist das günstigste Angebot automatisch in der BuyBox. 24 Stunden, 7 Tage die Woche gezielt an den Markt angepasst zu sein, ist ohne eine Software nicht möglich. ClouSale prüft alle zwei Minuten sämtliche Artikel. Geschieht eine solche Prüfung nicht, entstehen schnell (große) Margenverluste und die Verkäufe gehen zurück. ClouSale hilft in Echtzeit, etwaige Konkurrenz transparent zu machen und alle zwei Minuten, 24 Stunden am Tag, dem Markt entsprechend anzupassen. Mit der Amazon- und eBay-Preisoptimierung können individuelle Strategien verfolgt werden. Mittels ClouSale entscheidest du selbst, wie deine Preiskurve verlaufen soll. Oftmals denkt der Interessent bei Preisstrategien nur an günstiger, aber mit den entsprechenden Trust-Elementen wie guten Bewertungen und schneller Lieferung lassen sich viele Artikel auch teurer oder mit der Konkurrenz im Preis gleichziehen. Sogenannte „Blacklists" oder „Whitelists" helfen ferner dabei, sich mit bestimmten Konkurrenten zu vergleichen oder unliebsame Mitbewerber (etwa Amazon selbst) auszuschließen. Ich möchte im kommenden Kapitel dem Preis noch etwas mehr Raum geben, gerade da ich die Entdeckung gemacht habe, dass oftmals Anbieter, die durch AliExpress Waren auf heimischen Märkten anbieten, nicht meine Auffassung teilen. Eine kluge Preisstrategie ist nicht zu verwechseln mit einer Kundenverdummung, das ist mir wichtig, dass dieser Unterschied klar und bewusst wird.

Warum wir unsere Kunden nicht für dumm verkaufen sollten!

Preispolitik kennt vielerorts nur einen Weg: Die Preise gehen immer weiter nach unten: eine Preisabwärtsspirale. Auf der anderen Seite heißt es oftmals: Wir machen A-liExpress-Dropshipping und Gewinnmargen von 400, 500 %, ja 2.000 bis 4.000 % Gewinnmarge seien möglich. Es liegen also Welten dazwischen. Es ist ein wenig wie mit dem Fachkräftemangel. Die einen beklagen die Situation und andere Unternehmen in derselben Branche starten aktuell richtig durch. Das Schlimme ist, das sind nicht irgendwelche Zahlen, die ich salopp niederschreibe. Genau so wird mir dies in den täglichen Gesprächen herangetragen. Mit diesen Zahlen kann ich persönlich nicht mithalten. Das sind die One-Hit-Wunder, die im Netz kursieren und Tausende und Abertausende zum Dropshipping verleiten. Es mag solche Artikel geben, das steht nicht zur Diskussion. Ich glaube jedoch, dass der größte Teil der Artikel, die wir weltweit kaufen können, einer solchen Kalkulation nicht wirklich gegenüberzustellen ist. Jeder, der über den Ansatz des schnellen Geldverdienens hinausgehen möchte, der muss umdenken! AliExpress-Business mag lukrativ sein, aber die Rechnung muss zu Ende gedacht werden. Allein die Tatsache, dass Artikel in China nicht standardmäßig retourniert werden können, wird zu einem Problem. Darum vernichten all die Dropshipper diese Artikel. Aber diese Rechnung geht – wenn überhaupt – nur mit Kleinpreisartikel auf.

Wir haben früher Waren importiert, da gab es AliExpress noch nicht. Ich gebe ein Beispiel, da es dazu bei YouTube auf meinen Kanal auch ein Video gibt. Es geht um die

Flamingoschokolade. Sagen wir mal hypothetisch, sie kostet einen Euro im Einkauf, mag ein bisschen viel sein. Im Verkauf kostet sie 3–4 Euro. Ist immerhin Flamingoschokolade – bekommst du nicht an jeder Ecke. Als Geschenk sicherlich nett. Wenn du jetzt kalkulatorisch rechnest, verwechsel nicht Umsatz mit Gewinn. Auf vielen Channel im YouTube-Universum tönt es ungefähr so: „Ich habe 2.500 Euro am ersten Tag verdient." Doch das ist der Umsatz. Schön das Handy in die Kamera gezeigt mit dem dicken Poser-Auto, doch das Prinzip des Gewinns wird nicht verstanden. Verdienst, Gewinn und Umsatz – das sind Begriffe mit unterschiedlicher Bedeutung. Zurück zu unserem Beispiel. Es bedarf einer gewissen Handelsspanne, die lukrativ sein muss. In unserem Beispiel mit dem einen Euro müssen wir noch die Umsatzsteuer berücksichtigen. Wir könnten nun sagen, dass wir bei AliExpress – wir brauchen nicht mehr selbst zu importieren, sondern per Dropshipping anbieten – die Schokolade für 5 Euro pro Tafel verkaufen. Das wären 500 %. Das ist genau das Problem: Wir verkaufen – ich sage jetzt mal salopp – ein minderwertiges Produkt, so wie viele Produkte, die angeboten werden mit diesem berühmten „Facebook-Ad-für-fünf-Euro-am-Tag-Style". Retouren musst du abschreiben. Das ist alles zu kurz gedacht. Klar, die Centbeträge schreiben wir ab bei Kleinkram. Ein Euro mehr oder weniger macht dich nicht reich oder arm. Auch nicht auf die Menge gesehen, wenn es genug Menschen gibt, die Schokolade für 5 Euro die Tafel als Geschenk einkaufen. Nehmen wir aber mal an, du verkaufst ein qualitatives Produkt, das ein paar Hundert, ein paar Tausend Euro kostet. Würdest du das dann auch wegschmeißen, einfach so ohne Retourenlösung? Wahrscheinlich nicht. Das kannst du dreimal machen und dann bist du in der Insolvenz. Das bedeutet, es funktioniert bei einem Premiumprodukt so salopp ohne eine vernünftige Retourenlösung gar nicht. Da die meisten bei AliExpress nur billige Produkte verkaufen, ist alles einfach und oft naiv! Eine Retourenlösung brauchen wir nicht – wir schreiben das ab. Sicher, ich schreibe auch manchmal ein Produkt ab, auch mal ein etwas höherpreisiges, aber natürlich nur in einem Kulanzfall. Ich habe das Gefühl – das ist meine persönliche Meinung, du darfst mich korrigieren, wenn ich falsch liege –, dass viele, die Dropshipping neu machen, auch ohne China-Dropshipping, kein Gespür für das Pricing haben. Da wird ein sehr preiswertes Produkt, eine No-Name-Schokolade, im Verkauf als handgeschürfte Edelpraline mit Goldpapier angesehen. Einfach nur, weil irgendeiner gesagt hat, Mensch, 500 % – das läuft. Ich gönne es jedem, wenn es laufen sollte. Ich glaube nur, dass wir, um es mit den Worten von Hermann Scherer zu sagen, „jenseits vom Mittelmaß" denken, oder gemäß Michael E., einen „differenzierten Ansatz" finden sollten. Etwas kann entweder billig verkauft werden oder teuer. Billig oder teuer. Nicht preiswert, billig. Wenn du billig verkaufst mit einer großen Menge, dann mag das funktionieren. Dann siehst du den ganzen Discounter. Das funktioniert. Oder du bist teuer. So eine Lindt-Schokolade in unserem Beispiel, das funktioniert ebenso. Aber so ein No-Name-Produkt als Premiumprodukt zu positionieren, wie es gerne mittels AliExpress-Style gemacht wird? Da wird ein Ein-Euro-Produkt genommen und einem netten Menschen teuer verkauft. Denn irgendwer kauft es meistens. Doch was ist, wenn der Kunde die Bestellung widerruft? Wir haben gelernt, dies bedeutet, schreiben wir eben ab. Und wenn du über Tage, Wochen, Monate dein Business darauf aufbauen willst, baust du niemals ein seriöses Business auf. Du bügelst im Prinzip die Leute salopp gesagt über den Tisch. Das Problem nach dem Gesetz von Porter heißt „Stuck in the Middle". Vielleicht hast du das schon gehört. Das bedeutet, du sitzt, wenn du so agierst, sprichwörtlich zwischen zwei Stühlen, oder bist „gefangen in der Mitte". Laut Porter stell dir ein U vor. Dort gibt es denjenigen, der billig verkauft. Ich sage bewusst billig, nicht preiswert. Auf der anderen Seite sitzt der Premiumanbieter. Dazwischen gibt es diese große Kehre, das Tal. Dort sitzt das Mittelmaß, der Schrott. Wenn du jetzt ein billiges Produkt nimmst, es aber nicht billig verkaufst – dann wäre es genau hier. Billig zu verkaufen, klappt, es findet sich immer Absatz. Doch etwas Billiges zu einem Mainstreamprodukt zu machen, das wird nicht funktionieren. Denn das ist Mittelmaß, das machen alle. Für 5 Euro eine Schokolade, da bin ich nicht im Premiumbereich. Für eine handgeschürfte Schokolade könnte ich 12 Euro oder gerne mehr bekommen. Also bin ich kein Premium, ich bin Mainstream-Shit, der schnell Geld verdienen will. Mit diesem Mainstream-Shit bin ich gemäß Porter einfach nur „Stuck in the Middle" – du stehst zwischen zwei Stühlen. Oder wie Hermann Scherer meinte: Es geht nur billig oder es geht nur teuer! Porter sagt das ein bisschen förmlicher. Du kannst entweder nur Qualitätsführer werden oder Preisführer. Preisführer bin ich immer dann, wenn ich der Billigste bin, denn ich führe den Preis an. Oder ich bin der Qualitätsführer und in der Regel hat Qualität ihren Preis. Das sollte sie auch haben und dafür sollte sich keiner schämen. Wir, Jasmin und ich, zum Beispiel, streben ganz klar eine Qualitätsführerschaft an. Ich weiß, es gibt viele Dropship-Experten, die billiger oder auch teurer sind im Business. Wir wollen deswegen nicht die Teuersten sein. Wir sehen uns prinzipiell in einem Premiummarkt mit einer Premiumleistung und einer Qualitätsführerschaft. Daher bieten wir unsere Next-Level-Academy an, die tatsächlich qualitativ ein nächstes Level erreicht hat. Oder unser Elite-Dropshipping mit dem Live-Ansatz oder mit unseren Kreuzfahrten und was wir eben so machen. Ich will das bewusst so kommunizieren, damit die Leute verstehen, dass der Dropshipping-Experte Fabian ein Qualitätsversprechen gibt, zu dem er nach zwölf Jahren steht. Aus diesem Grund kooperiere ich nicht mit irgendwelchen Menschen, die mich teilweise fragen, ob wir zusammenarbeiten können. Die möchten schnell irgendein Produkt halbfertig auf den Markt bringen. Nein, danke! Viel zu viele machen schnell irgendwas. Wir nicht! Mal schnell die Kohle rausgezogen ... Ich bin seit zwölf Jahren Kaufmann, ich bin seit zwölf Jahren selbst und ständig, und ich optimiere mich permanent selbst. Darum finde ich die Aussagen von Scherer und Porter ideal. Es ist nicht schlimm, ein billiges Produkt anzubieten. Aber macht nicht diesen Fehler, dass du ein billiges Produkt wegen der Verlockung des schnellen Geldes zu einem hohen Preis verkaufen willst. Zwar nicht so hoch, wie es der Qualitätsführer machen würde, denn du bist trotzdem in dieser Mitte, du bist im Massenmarkt. Es ist nur eine Frage der Zeit, bis du dir diesen Fakt eingestehen müsstest. Alle, die eine Nische suchen für ihr Dropshipping-Business oder generell losgelöst vom Dropshipping, sollten sich immer fragen: Bin ich gerade zwischen den Stühlen, bin ich in diesem Tal des U und somit Mainstream?! Du wirst sonst immer in der eingangs erwähnten Preisabwärtsspirale feststecken, zwangsläufig. Wenn du so faires Geld verdienen möchtest, musst du

Quantität liefern. Dann bist du nicht austauschbar. Hinterfrag dich: Ist der Preis, den ich erzielen kann, realistisch? Realistisch, das heißt, fair für dieses Produkt. Wenn du kein Preisführer werden willst – dann machst du es über die Qualität. Wenn du keine Qualität, keine Premiumführerschaft anstrebst, machst du den Preis (kaputt). Wenn du deine Produkte, dein Sortiment, nicht zum Preisführer mit dem besten und aggressivsten Kampfpreis hinbekommst – dann lass es. Wo du Hunderte abnimmst, kommt der echte Preisführer und kauft Tonnen. Wenn du 1.000 Stück importierst in drei Jahren, ist das lächerlich gering. Also ist die nächste logische Frage, kannst du stattdessen Qualitätsführer werden? Wenn wir weder der Preisführer noch der Qualitätsführer werden wollen bzw. können, ist es das falsche Produkt! Den Mut zu haben, sich diese Erkenntnis einzugestehen, ist das A und O. Das ist die ganze Marktanalyse!

Mein Tipp: Kalkulier, prüf Preise und stell dir ständig ein U vor. Durch das U ist es möglich, Preisführer zu werden – oder Qualitätsführer. Ist dies nicht möglich, ist es das falsche Produkt. Im Dropshipping ist diese Erkenntnis nicht ganz so schlimm, weil du rein theoretisch nichts zu verlieren hast. Denk langfristig daran, dass du deine Miete bezahlen musst. Und du musst am ersten deine Rechnungen, deine Stromkosten, deine Mitarbeiter etc. bezahlen können. Es ist also viel zu kurz gedacht, einfach nur den Kunden für dumm zu halten oder Schokolade für 500 % verkaufen zu wollen. Wenn der Markt es hergibt, dann ist es okay, aber eben nur dann! Es wird Zeit, dass du deine eigenen Märkte schaffst und dann hast du die Wahl. Möchtest du über Menge und Preis verkaufen? Möchtest du zum Premiumbrand werden? Alle Türen stehen dir offen, und wie das funktioniert, teile ich dir im nächsten Kapitel mit.

Wie du neue Märkte schaffen kannst

Ich hoffe, du hast über das Thema Preisgestaltung einiges Neues erfahren. Bei der Festlegung des Preises blicken fast sämtliche Unternehmer, die ich im Laufe der letzten zwölf Jahre kennengelernt habe, zuerst auf jene Produkte und Dienstleistungen, die ihrer eigenen Idee von der Form her am ähnlichsten sind. Hinzu kommt gemeinhin in ihrer eigenen Branche. Diese Sichtweise ist richtig und bewährt. Ich habe für mein eigenes Business jedoch meinen Blick verstellt und möchte dir ebenfalls diese Möglichkeit geben, fernab von der Preispersonalisierung, von Qualitäts- und Quantitätspreisen. Insbesondere in stark umkämpften Märkten ist oftmals eine Preisabwärtsspirale fast unumgänglich. Ich glaube jedoch, dass es eine Lösung gibt. Es muss nicht immer die Eigenmarke sein. Auf die Themen Whitelabel und eigenes Brand komme ich in einem späteren Kapitel zu sprechen. Nun möchte ich dir zeigen, warum es sinnvoll sein kann, die Grenzen zu verschieben und einen überlaufenen Markt zu verlassen, um einen neuen zu kreieren. Damit du einen strategischen Preis finden kannst, solltest du die Reaktion derjenigen Leute verstehen, die dein künftiges neues Produkt mit einer Vielzahl ganz anders aussehender Produkte vergleichen. Die Lösung muss also außerhalb der Gruppe des traditionellen Wettbewerbers liegen. Darum halte ich nichts von Trend- und Wettbewerbsbeobachtungen im klassischen Sinne. Gewiss solltest du diese kennen, aber damit ist es nicht getan. Du engst dich damit zu sehr ein und die Gefahr des stupiden Adaptierens steigt bis zum Maximum. Es kann keine eigene Höchstleistung erzielt werden, denn traditionell ähnliche Unternehmer sind der Benchmark. Doch will ich ein Überflieger werden, darf ich nicht vergleichbar sein. Dann kann ich verlangen, wie viel ich möchte, es muss nur ein meinem Kunden entsprechender Wert sein. Doch hierzu muss er das Warum verstehen. Er muss verstehen, warum ich bzw. meine Dienstleistung oder Produkte genau diesen Preis wert sind und wie ich ihm maximalen Nutzen in kürzester Zeit bringe. Wie auch du über die Grenzen der eigenen Branche hinausblicken kannst, möchte ich dir nun verraten. Eine gute Methode besteht darin, Produkte aufzulisten, die zwar eine andere Form haben, aber die gleiche Funktion erfüllen. Alternativ hierzu gingen eine andere Form und eine andere Funktion, aber in Summe solltest du das gleiche übergreifende Ziel anvisieren. Wir richten deinen Fokus also auf alles, was es in einer anderen Form bereits am Markt gibt, aber die gleiche Funktion erfüllt. Oftmals zieht der Verkäufer unbewusst aus anderen Branchen potenzielle Kunden an Land. Es ist ein indirektes Abwerben. Doch diese blinden Passagiere werden wir nun bewusst sichtbar machen. Wenn du strategisch genau jene Kunden ansprichst, eröffnet dies völlig neue Gewinnspannen. Wenn also deine Produkte mit der identischen Funktion bzw. einem gleichen Kernnutzen wie das neue Angebot geschaffen werden können, ergibt dies eine ganz andere physische Form. Sicherlich kennst du Henry Ford. Vor der Einführung des T-Modells gab es vielerorts noch die Pferdekutsche. Diese hatte denselben Kernnutzen wie das Auto. Es ging schlicht um die Beförderung von Menschen. Die Form jedoch war völlig abweichend. Pferde waren Tiere und demzufolge waren keine Maschinen im Einsatz. Ford gelang es, die Kunden der Pferdekutschen in Kunden seines neuen Konzeptes zu verwandeln. Dies gelang besonders elegant, da er sich bei der Preisfindung seines „T" an den bestehenden Pferde-

kutschen orientierte. Er verglich sich nicht, wie es nahe-
liegend wäre, an den Autos anderer Hersteller. Diese hatten einen anderen Nutzen und somit wäre es ein Vergleich zwischen Äpfel und Birnen gewesen.

Überleg daher, wie auch du neue Märkte schaffen kannst.
Bedenke immer, dass du nur gewinnen kannst, wenn du
etwas riskierst. Ohne Versuch, kein Irrtum. Und Letzterer
ist nicht schlimm, das sehen auch die Leute im Hause
Amazon so. Mehr dazu im folgenden Kapitel.

Scheitern ist wichtig!

Sicherlich kennst du den amazon-watchblog.de, der Blog wird vom Händlerbund betrieben, mit dem ich kooperiere. Ich möchte dir den folgenden Bericht nicht vorenthalten, denn er gibt wieder, was ich beispielsweise in meinen YouTube-Videos und in diesem Buch predige. Mach den ersten Schritt, korrigiere und Scheitern ist okay! Nichts zu tun, ist nicht okay. Was könnte motivierender sein, als die Worte von Amazon-Innovationschef Paul Misener? „Wir scheitern und werden weiter scheitern!" – aber das ist okay! Paul Misener ist Amazons Vizepräsident für globale Innovationen und Kommunikation. Er stellte auf einer Keynote bei der Retail Week Tech Konferenz in London die Wichtigkeit des Scheiterns für den Erfolg in den Mittelpunkt. Der folgende Absatz stammt von: https://www.amazon-watchblog.de/unternehmen/1067-amazon-innovationschef-scheitern-weiter-scheitern.html. Auf die Frage: „Warum ist Amazon heute so erfolgreich?" folgte die Antwort: „Weil man in seinem Werdegang so oft gescheitert ist!" „Es ist okay, falsch zu liegen, es ist okay, Fehler zu machen, es ist okay, zu versagen", so Misener in seiner Rede, in der er im Besonderen den Innovationsansatz von Amazon erläuterte – und dieser sei offensichtlich: Scheitern. „Zur Verwirklichung neuer Vorhaben muss man bereit sein, Fehler zu machen." „Die zentrale Botschaft, die ich heute vermitteln will, ist die Wichtigkeit des Scheiterns in jedweder Innovation", zitiert Business Insider Misener, der seit fünfzehn Jahren für Amazon arbeitet. „Bei Amazon haben wir viel Erfahrung mit dem Scheitern. Wir sind oft gescheitert – manchmal sehr öffentlich, manchmal privat. Aber wir scheitern und wir werden weiter scheitern. Viele Male werden wir beim Voranschreiten scheitern, da bin ich sehr zuversichtlich." Konkret nennt Misener zwei Beispiele: Amazon Auctions – ein früher eBay-Konkurrent – und zShops – Mini-Shops für andere Händler auf Amazon. Beide Projekte scheiterten kolossal, die Erkenntnisse aus diesen Missgriffen trugen jedoch maßgeblich zum Erfolg des Amazon Marketplace bei. Heute werden die Hälfte aller Verkäufe auf Amazon nicht von Amazon selbst, sondern von den Marktplatz-Händlern gemacht. Die Bereitschaft, zu scheitern und es künftig besser zu machen, führte zu diesem „sehr lukrativen Business-Modell". Ein anderes Beispiel, das Misener nicht nannte, war das Fire Phone. Die Erkenntnisse aus diesem Flop könnten künftig im Ice Phone aufgehen.

Der Schlüssel für Innovationen seien Experimente und dazu gehörten auch Fehlschläge. „Wenn du nicht bereit bist, zu experimentieren, wirst du auch nie etwas erneuern. Zum Experimentieren musst du in der Lage sein, zu scheitern – du musst sogar versuchen, zu scheitern, damit der Fehler im Verborgenen passiert und nicht später in der Öffentlichkeit." Wer akzeptiere, dass das Scheitern zur Innovation gehöre, der erkenne dessen Wichtigkeit und könne besser damit umgehen.

74

Löwen jagen Antilopen – was jagst du?

Angst bremst dich? Mich auch! Ich könnte mich ärgern, wenn ich daran denke, dass ich schon so vieles hätte schneller erreichen können, wenn ich nur den Mut gehabt hätte! Ja, dies ist ein Buch über Dropshipping, aber wie du gesehen hast, ist es nicht damit getan, dass wir nur eine Shopsoftware installieren und ein Basis-Template aufspielen. Du bist das Zünglein an der Waage! Ich spreche aus Erfahrung. Ich bin ein Mensch, der Taten liebt, ich weiß, was es bedeutet, alles zu verlieren. Meine Insolvenz hat mir dies schmerzhaft vor Augen geführt. Du trauerst deinem freien Tag hinterher, weil die Kollegin oder der Kollege wieder krank ist? Ich trauere meinem gepfändeten Einfamilienhaus, meinem Ladengeschäft mit Tausenden von Artikeln sowie meinem BWM Coupé nicht hinterher. Du sagst, ich kann gut reden, denn ich wohne ja am Meer auf Mallorca. Stopp! Wenn ich ängstlich wäre, dann wäre ich nun Sachbearbeiter in irgendeinem Büro für 8,50 Euro pro Stunde. Newt Gingrich (ehemaliger Sprecher des Repräsentantenhauses der Vereinigten Staaten) wusste bereits, dass wir uns stets auf die großen Dinge konzentrieren müssen und die kleinen schleifen lassen dürfen! Ich habe verinnerlicht, dass ich die Treppe stets von oben kehren muss! Ich hatte Angst vor der Insolvenz, ich fühlte mich wie ein Versager! Ich schämte mich vor meiner Familie und verlor meine damalige Freundin. All dies passierte, weil offenbar niemand an mich glaubte. Geld regiert die Welt, zumindest die, in der ich lebte! Da ich finanziell zu dieser Zeit nichts zu bieten hatte, war ich uninteressant für jeden. Erkennst du dich wieder? Ich glaubte an mich und meine Fähigkeiten. Meine Oma sagte immer, ich sei ein Stehauf-Männchen, wie recht sie hatte! Sie kennt mich eben am besten!

Kennst du die Analogie mit den Feldmäusen und der Antilope? Gingrich meinte hierzu, ein Löwe sei durchaus in der Lage, eine Feldmaus zu fangen, zu töten und zu fressen. Aber wie sich herausstellte, brauche er mehr Energie, als die Maus Kalorien habe. Ein Löwe, der seine Tage damit verbringe, Feldmäuse zu fressen, werde deshalb langsam verhungern. Ein Löwe jage große Tiere, da ihm bewusst sei, dass er von Feldmäusen nicht leben könne. Ein Löwe brauche Antilopen. Um Antilopen zu fangen, brauche es mehr Schnelligkeit und Kraft, um diese erfolgreich zu jagen und zu töten, aber wenn sie erlegt seien, seien sie ein Festmahl für den Löwen und sein gesamtes Rudel. Ein Löwe kann ein langes und glückliches Leben führen, wenn er sich von Antilopen ernährt. Auf diesen Unterschied kommt es an: Verschwende nicht deine Zeit und Energie darauf, Feldmäuse zu jagen! Kurzfristig verschafft dir dies vielleicht ein paar angenehme Erfolgserlebnisse. Langfristig jedoch bringt es dich um. Frag dich daher jeden Abend: Habe ich den Tag mit der Jagd auf Feldmäuse oder auf Antilopen verbracht? Du solltest also in höheren Sphären denken. Wenn du für deinen Chef arbeitest, ist das die Feldmaus! Wenn Dropshipping dein Ziel ist, ist dies deine persönliche Antilope! Verwende deine Energie auf deine Dropshipping-Antilope. Antilopen sind deine Kunden, die du durch ein solides Sortiment und einen Mehrwert glücklich machen wirst. Du wirst dank intelligenter Preise nie wieder deine Zeit abrechnen müssen. Die Zeit ist wie dein Chef, beides sind Mäuse! Bedenke: Oben ist die Konkurrenz nicht so groß. Dazu fällt mir diese Geschichte ein, ich weiß nicht mehr, wo ich sie aufgeschnappt habe: „Ich wollte es immer ins Fernsehen schaffen, aber statt mit allen anderen um einen Sendeplatz auf NBC am Freitagabend um 19 Uhr zu kämpfen, besitze ich nun selbst einen kompletten Fernsehsender. Weißt du, wie viele Leute versuchen, Eigentümer eines Fernsehsenders zu werden? Niemand! Als der Sender zum Verkauf stand, gab es vielleicht 100 Mitbewerber. Das mag viel klingen, aber auf das ganze Land gesehen, 100? Wirklich? Wie viele hatten tatsächlich einen soliden Businessplan (!) und eine Strategie für den Sender? Wahrscheinlich nur fünf. Man tritt also nur gegen die besten fünf an, statt gegen die besten 20.000, die einen Sendeplatz auf NBC am Freitag- oder Samstagabend wollen – deshalb kehre die Treppe von oben!" Überleg dir also, was ist deine Antilope und wie kannst du die nächste Stufe erreichen? Nachdem du mein Elite-Dropshipping und Elite-Live kennst, kann ich dir sagen, was die nächste Stufe ist: unser DropShip! Erinnerst du dich daran, als ich dir mitteilte, dass ich diese Zeilen auf der Aida schreibe? Genau da wusste ich, so etwas will ich meinen Kunden bieten. Aber noch besser, noch mehr Nutzen, noch selektiver! Aktuell arbeite ich an einer Kooperation mit der Reederei SeaBourn. Meiner Meinung nach die beste, die es aktuell gibt. Ich möchte ein komplettes Schiff chartern, nur für Dropshipping, daher der Name DropShip. Ich denke immer größer, warum nur eine Aida-Kabine, wenn ich ein ganzes Schiff bekommen kann? Im Übrigen bietet dieses Schiff einen weiteren Mehrwert gegenüber unserem Live-Package auf Mallorca. In jedem Zielhafen mit Landgang können wir einen Notar aufsuchen und deine Firma gründen! Ich möchte mich täglich verbessern, aber in erster Linie den Nutzen maximieren. Notier jetzt in deinem Businessplan, wie du dein Dropshipping-Business zum Erfolg führen wirst! Plane groß, trau dich – alles beginnt mit einem Gedanken!

10 Gründe dafür, kein Dropship-Unternehmer zu werden

Es ist im Grunde egal, was du machst, du musst du bleiben! Das ist leicht gesagt, wenn man bedenkt, dass direkt oder indirekt ständig jemand Einfluss auf dich nimmt. In meinem Fall war das in etwa so: Mein Vater war einer der angesehensten und erfolgreichsten Friseure der Welt. Er hat unzählige Meisterschaften und Titel gewonnen, die komplette Welt bereist. Er war nicht einfach nur Friseur, er war Intercoiffure, ein geschützter Titel. Er gab mir zu verstehen, dass dies nichts für mich sei. Ich solle Rechtsanwalt werden. Ich wurde Einzelhandelskaufmann. Er fand dies zu meiner Verwunderung gut. Also deutlich wohlwollender als Friseur. Ich habe nichts gegen Friseure, im Gegenteil, heute ist mein Stamm-Friseur ein Araber und ich beneide diesen um seine Fingerfertigkeit. Ich möchte nur sagen, dass jeder beeinflusst wird. Wir machen Dinge, um anderen zu gefallen. Wir schreiben gute Noten, weil die Eltern dies so möchten. Daran ist nichts verkehrt, aber eigentlich ist es falsch. Nichts gegen die Noten, aber unser Schulsystem wird überbewertet. Ich selbst war ein Schüler, der wiederholen musste und im Schnitt zwischen vier und sechs stand. Mir lag der Werkkurs nicht, also war ich im Haushaltskurs. Neben all den hübschen Mädels gab es Praxiswissen, wie wir kochen und stricken. 2018 wieder im Trend, man beachte DaWanda und Co. Jedenfalls, die Schule ebenso wie fast alle Eltern zielen auf dieses Zeit-ist-Geld-Ding ab. Sie ebnen den Weg zum aktiven Geldverdienen. Viel wichtiger wäre es aber, wenn wir den passiven Weg lernen würden. Aber Unternehmertum wird dir in keiner Schule beigebracht, auf der ich je war. Nicht einmal die Berufsschule. Wir lernen also immer, ja zu sagen und pünktlich zu sein. Alles nicht unwichtig, aber nimm mich als Vergleich. Nicht die Schule entscheidet, ob man Geld verdient oder vom Amt lebt. Ich lebte nie vom Amt, da ich an mich glaube! Ja, selbst nicht zu meiner Insolvenzzeit! Ich wollte niemals Amtshilfe! Nein! Wenn du Dropshipper werden möchtest, dann beachte diese zehn Dinge. Du solltest dich nicht davon beirren lassen. Nur dann ist es möglich, dass du ein echter Unternehmer wirst.

1. Es jedem recht machen zu wollen
Feedback ist gewiss wichtig, aber du musst zwischen brauchbarem und unnützem Feedback unterscheiden. Niemand kann „Everybody's Darling" sein, auch du als Unternehmer kannst das nicht. Darum ist es nur konsequent, wenn du als Gründer nicht jeden Ratschlag annehmen kannst und jedes Feedback für dich umsetzbar ist. Kundenorientierung ja, aber du solltest nie dein Ziel aus den Augen verlieren.

2. Die Falschen um Feedback bitten
Familie und enge Freunde kannst du natürlich über deine Business-Idee unterrichten. Aber die Praxis zeigt, dass du selten eine komplett ehrliche Rückmeldung bekommst. Das liegt daran, dass niemand dir zu nahe treten will. Emotionen spielen auch eine Rolle. Darum bekommst du oft kein echtes Feedback und auch, wenn es ehrlich ist, so kann es oftmals nicht objektiv sein. Es bietet sich daher an, neutrale Menschen um Feedback zu bitten, da diese „nicht in deiner Schuld" stehen – auch nicht emotional.

3. Angst vor dem Scheitern

Angst ist ein schlechter Ratgeber. Aus Fehlern kannst du lernen und darum ist ein eventuelles Scheitern kein Grund, überhaupt nicht in die Gänge zu kommen. Die „FuckUp Nights", die beispielsweise in Berlin stattfinden, sind ein gutes Beispiel. Dort tragen Unternehmer vor, wie sie gescheitert sind und was sie daraus gelernt haben. Ich spreche aus eigener Erfahrung. Außerdem erinner dich an den Amazon-Innovationschef. Selbst die Großen setzen oftmals auf das falsche Pferd! Macht nichts, wirklich!

4. Der Konkurrenz zu viel Aufmerksamkeit zu widmen
Ja, der liebe Wettbewerb. Konkurrenz belebt bekanntlich das Geschäft. Darum erstell dir eine klare Übersicht über deine Wettbewerber, schau dir die Vorteile und Nachteile an. Arbeite deine Alleinstellung heraus, aber lass dich nicht von jedem Schritt lenken. Wenn du diese Arbeit einmal gemacht hast, ist dies ein weiterer Punkt für deinen Businessplan! Es ist stets wichtig, zu wissen, wer noch im Rennen ist!

5. Die Idee-Geheimhaltung
Top Secret … Stillschweigevereinbarungen, bitte hier keine Smartphone-Aufnahmen ... Ich verstehe den ganzen Trubel um das „Geheimhalten-wollen-um-jeden-Preis" nicht! Ich habe es bereits durchklingen lassen, meiner Meinung nach kann niemand aufgrund einer Präsentation dein komplettes Business übernehmen. Gleiches gilt für den besagten 35-Seiten-Plan. Dein Knowhow und die individuelle Strategie können nicht ohne Weiteres kopiert werden. Und selbst wenn eine Idee „abgekupfert" wird, wichtig ist die Umsetzung, das Tun! Deine Idee selbst ist wertlos. Auch wenn du aufgrund

deiner Idee Fremdkapital bekommst. Wird die Idee nicht umgesetzt, wird es mit dem Geld (zurückzahlen) schwer. Zwar gibst du gerade als Start-up einige Infos preis, um Investoren und Co. zu überzeugen, aber mach dich nicht verrückt. Im Übrigen werden die meisten Geschäftsideen kopiert, nachdem diese am Markt sind. Hand aufs Herz: Hast du schon einmal einen gefälschten Turnschuh oder ein Smartphone gekauft, ohne dass ein Original auf dem Markt ist?

Die meisten Menschen haben Angst vor dem Scheitern! Trotz Businessplan mit Schritt-für-Schritt-Anleitung. Ich weiß das, da ich es täglich erlebe. Ich habe die 52-Wochen-NextLevel-Academy entwickelt. Sie zeigt schrittweise auf Wochenlektionen aufgebaut, wie du ein erfolgreiches Dropshipping-Business aufbauen kannst. NextLevel ist die ideale Kombination zu diesem Buch. Dennoch sind viele Teilnehmer unsicher und steigen schnell wieder aus. Sie scheitern, noch bevor sie durchgestartet sind. Oder welchen vernünftigen Grund gibt es, bereits nach der ersten Woche, also Lektion 1, einen Kurs hinzuwerfen, auszusteigen? Dieses Nichtdurchhalten ist Angst. Angst, ob der Entschluss dieses Mal der richtige ist. Darum möchten diese Menschen, dass ich ihnen versichere – nein, garantiere –, dass sie Erfolg haben werden. Doch das kann ich nicht. Orientieren wir uns daher an den Markenfälschern. Diese kopieren nur Bewährtes. Also bewähre dich, dann kopiert man dich. Aktuell ist es so, dass ich aufgrund meiner Erfolge kopiert werde. Und ich freue mich, denn auch du hast diese womöglich noch ungesehene Chance. Wenn dich Leute kopieren, dann ist die Zeit gekommen, dass du vom aktiven Dropshipper zum Coach oder Speaker wirst. Als Wissensvermittler wie ich kannst du anderen helfen und dann ist das Kopieren sogar in deinem Sinne. Ich möchte, dass meine Community kopiert. Jedoch nur das, was funktioniert. Ich habe viel Lehrgeld bezahlt und Zeit verwendet, nicht zuletzt aufgrund meiner Unwissenheit und Angst. Das möchte ich anderen ersparen, darum gibt es meinen kostenlosen YouTube-Channel oder meinen Podcast und darum hältst du dieses Buch in den Händen!

6. Fehler bei der Mitarbeitersuche machen

Als Geschäftsführer musste ich natürlich auch Mitarbeiter einstellen. Viele Dropshipping-Unternehmen kommen früher oder später an diesen Punkt. Dies ist großartig! Du beginnst komplett ohne, aber du baust dein Business auf und aus. In deiner Planung berücksichtigst du dies. Wenn es um die Bewerbungsauswahl geht, beachte bitte: Wenn du erst einmal die ersten Leute an Bord hast, musst du auch den Mut haben, etwaige Fehler zu korrigieren. Passt jemand nicht ins Team, muss gehandelt werden – und zwar alsbald. Mitarbeiter, die deine Vision des Unternehmens nicht teilen oder nicht mit vollem Einsatz für das Team arbeiten, können die Weiterentwicklung ausbremsen. Gerade für ein Start-up ist dies ein No-Go, darum handle schnell! Verbesser deine Einstellkriterien und optimiere ständig! Dazu noch ein Tipp, den ich leider erst sehr spät bekam. Wenn du Bewerber auswählst, vergleich nicht nur die Qualifikationen oder Noten. Gewiss, diese sind wichtig, ebenso die Berufserfahrung. Doch das mit Abstand Wichtigste ist, warum sich jemand für dein Unternehmen bewirbt. Wenn sich das Warum des Anwärters mit deinen Motiven deckt, kannst du nur gewinnen! Ich sehe dies in unserer aktuellen Kooperation mit unserem IT-Team. Jeder Entwickler teilt unsere Warum-Vision, darum passt dieses Team. Selbstredend arbeiten wir auch am Wochenende oder nachts. Wir wissen, warum wir tun, was wir tun! Sollte sich dies eines Tages ändern, wissen wir, was wir tun müssen. Handeln, den Kurs korrigieren!

7. Zu wenig Automatisierung

Manuelle Arbeit ist teuer. Diese ist besonders anfällig: Krankheit hier, Urlaub da und eine ungeplante Schwangerschaft. Alles normal, alles bares Geld. Darum mein Tipp: Alle Arbeiten, die du automatisieren kannst, automatisiere. Klick-Tipp ist eine Möglichkeit, die wir bereits vertieft haben. Merke: Alternativ denk stets über Delegation nach. Wenn ein Dienstleister die jeweiligen Aufgaben erledigt, sind Krankheit und Co. nicht mehr dein eigenes Risiko. Eine tolle Form der Logistikautomatisierung ist FBA, der Amazon-Fullservice. Doch als Dropshipper geht es noch einfacher, denn das Warenlager ist ja direkt bei deinem Hersteller. Die Bestellungen werden mittels Schnittstellen oder Webtools wie Dreamrobot automatisch übertragen. Denkbar ist auch, den Posteingang auszugeben, so können Stunden gespart werden, da Briefe direkt bei der zuständigen Abteilung ankommen. Wir nutzen hierzu den Dienst von Dropscan. Teste auch du diesen Service und spar dir Zeit! Ich will, dass du aufhörst, zu glauben, dass du etwas selbst tun musst, obwohl diese Aufgabe viel besser wegdelegiert gehört. Der Versand liegt als Dropshipper auf der Hand. Aufgrund deines Feelings für die Preisgestaltung wirst du auch diesen Baustein früher oder später outsourcen. PS: Besser früher! Es führt kein Weg daran vorbei, wenn du Erfolg haben willst, dann musst du delegieren! Rechtstexte kann ein Anwalt schreiben. Dienstleister wie die IT Recht Kanzlei aus München können rechtssichere Texte nicht nur bereitstellen, sondern auch automatisch updaten in deinem Gambioshop! Auch dies ist Delegation. Diejenigen unter uns, die sich immer mehr aus dem Alltagsgeschäft herausziehen, werden die größten Erfolge erzielen. Wenn du aktuell also noch angestellt bist, dann arbeitest du im Unternehmen. Dein Chef fährt in Urlaub und arbeitet am Unternehmen. Verstehst du nun? Diejenigen, die gerne an der Kasse selbst scannen, um sich eine Kassiererin zu sparen oder weil sie nicht in der Lage waren, ihr Geschäft besser zu organisieren, sitzen immer noch an der Kasse und tippen, auch wenn sie bereits in Rente sein müssten. Ich sehe dies bei meinen „ehemaligen Wettbewerbern". Ich sitze unter der Sonne, andere an der Kasse! Wo sitzt du? Mit dieser Einstellung wirst du garantiert an den falschen Stellen sparen – und zwar lebenslänglich!

8. Gar nicht erst anzufangen

Ein großer Fehler ist, gar nicht erst anzufangen! Gründe können, wie bereits geschrieben, demotivierendes Feedback oder Angst vor dem Scheitern sein. Ich kann nur sagen, probier es aus! Investier etwas Zeit und lerne! Taste dich als Teilzeit-Dropshipper vor. Das ist okay, ich habe neben meiner Ausbildung begonnen! Ich wurde inmitten meines zweiten Lehrjahres fristlos (!) gekündigt. Habe ich das bereut? Nein! Hatte ich angst, als ich die Kündigung bekam? Ja! Ich erinnere mich, als wäre es gestern gewesen. Es war dieser eine Tag. Ich war wirklich das erste Mal krank. Mit Fieber und das volle Grippeprogramm. An jenem Mittag kam Post. Es war weit nach der regulären Postzeit. Mir war klar, ich bin gefeuert. Und so war es, meine Hände zitterten: Gekündigt, mitten in meiner Ausbildung! Ich war gerade im Jahrgang zwei von drei und kurz vor der Prüfung zum Verkäufer, der Vorstufe zum Einzelhandelskaufmann. Ich gab nicht auf, ich wollte diesen Job nicht zurück! Ich beschloss, mein Nebengewerbe zur Vollexistenz aufzubauen. Ich beschloss außerdem, dass ich meinem Ausbildungsbetrieb Konkurrenz mache. Und so kam es, ich verkaufte nur wenige Kilometer exakt die gleichen Artikel. Von denselben Lieferanten. Später erfuhr ich, dass ich preiswerter einkaufte als mein Ausbildungsbetrieb. Ich war Versandhändler, ich schlug Mengen um, davon konnte der stationäre Fachhandel nur träumen. Binnen weniger Monate hatte ich 100.000 Verkäufe, Deutschlands jüngster Powerseller. Diese Geschichte kennst du. Nicht anzufangen, kommt für mich auch heute, zwölf Jahre später, nie infrage! Es ist keine Option. Ich glaube an mich und ich werde scheitern. Aber mit der Gewissheit, dass ich mein Bestes gegeben habe! Ich werde mir nie vorwerfen müssen, ich hätte es nie getan. Wenn ich morgen vom Laster überfahren werde, dann weiß ich: Ich habe mein Leben gelebt, mit allen Höhen und Tiefen! Ich erwirtschaftete Millionenbeträge mit 16/17 Jahren und dann war ich pleite mit einer guten halben Million. Jahre später wohne ich mit Sonnenuntergängen bei Palmen und Meer in meinem Traumhaus, umgeben vom privaten Sicherheitsdienst. Ich glaube an mich und ich glaube daran, dass Dropshipping kein Trend ist! Die Eliteprojekte, die ich begleite, sind der beste Erfolg. Es gibt diesen einen Kunden. Er hat exakt ein Produkt. Nach genau acht Wochen machte er 100.000 Euro Umsatz auf Amazon. Keine Werbung, kein bekanntes Brand. Ein Artikel, neu, von null gelistet. Was diesen Elite-Unternehmer auszeichnet? Er glaubte daran, er fing an!

9. Freemium – aber kein Finanzierungskonzept?!

Dein Dropship-Imperium muss profitabel werden. Klar, es geht nicht, alles kostenlos zu machen. Aber etwas Free-Content schadet nicht. Ich spreche aus eigener Erfahrung. Ich biete weit über 100 Videos auf YouTube zum Thema Amazon-Vertrieb, Entsperrung und Dropshipping an, plus meinen Podcast. Alles kostenfrei. Inspirationen gibt auch das Buch „Prinzip Kostenlos" von Kerstin Hoffmann. Viele meiner Kollegen glauben noch immer, dass es schadet, wenn man sein Wissen z. B. in Form von Tutorial-Videos teilt. Ich glaube das nicht. Es bringt mehr Anerkennung, Reichweite und Expertenstatus als dass es schadet. Ich arbeite gerade an einer eigenen Radioshow, den Grundstein legte der YouTube-Free-Content. Auch als Dropshipper kannst du spannende Produktvideos drehen und auf Instagram, Facebook oder YouTube teilen. Wichtig sind der Nutzen und emotionale Aufnahmen. Ein stupider Werbefilm kommt nicht gut an, aber über Produkte gibt es eine Menge zu sagen. Wo wurde diese Vase hergestellt? Ist das Unternehmen ein Traditionsunternehmen? Ist es Made in Germany? Ist das Produkt limitiert, ein Unikat oder das beste, modernste auf dem Markt? Menschen lieben Geschichten und darum solltest du über deine Produkte eine erzählen. Du kannst so „Expertise on Air" zeigen und gleichzeitig Vertrauen aufbauen. Messen sind der ideale Nährboden für den Austausch mit Lieferanten und um Produkte live sehen zu können. Dies hat den Vorteil, dass du deine Produkte nicht einmal kaufen musst.
Hersteller freuen sich über Multiplikation. Frag sie, ob du ein Produkt kostenfrei bekommst, wenn du es entsprechend in Szene setzt. Und ja, dies geht auch als Dropshipper! Dropshipper zu sein, ist nichts Besonderes, im Sinne von abstrakt. Du bist ein geschätzter Handels-

partner. Darum überleg dir unbedingt, wie du mit den Emotionen deines Sortimentes Geld verdienen kannst. Perfekt sind auch UpSelling-Prozesse wie das E-Mail-Marketing. Es muss nicht immer wie bei mir sein, dass die „Basisleistung" gratis ist und wer mehr will, zahlen muss. Informationen kannst du heute extrem preiswert aufbereiten und zum Teilen ankurbeln. Überleg dir also, wie du deine Produkte hervorheben könntest. Wenn du Weine verkaufst, sprich über die Region, empfiehl dazu ein passendes Gericht. Und wenn du gerne kochst, nimm Produkte aus deinem Sortiment. Deine Kunden können es mit „deinen Produkten" nachkochen und haben obendrein noch ein passendes Rezept. Du kannst dieses Rezept und alle Produkte in einem Korb und fix und fertig zum Kauf anbieten. Kunden lieben so etwas. Wenn du dies weiterdenkst, kannst du diesen „Koch-Korb" als Abo anbieten; ein perfektes Upselling, wenn du so möchtest. Sende deinen Kunden jede Woche oder jeden Monat ein Paket mit wechselndem Angebot. Überleg dir außerdem, ob du dir die Methoden vieler Apps abkupfern kannst. Dort ist es so, dass das Herunterladen kostenfrei ist – die ein oder andere Funktion kostet dann Geld. Das Prinzip kostenfrei besagt, dass du teilbare Gratisinhalte transformierst in einen unteilbaren exklusiven bezahlten Content. In deinem Fall ist dies dein Shop. Auch hier bitte etwas über den Tellerrand denken, denn für den Shop kannst du Geld verlangen. Denk an die Einkaufs-Communitys. Eine Art Mitgliedschaftsgebühr? Warum nicht, als Dropshipper steht dir die gesamte Warenpalette offen. Nicht jeder muss jeden kopieren und einen Shopify-Shop mit AliExpress-Waren eröffnen. Denk nachhaltiger! Als Shopbetreiber darfst du nie vergessen: Zeit ist Geld. Auch in kostenlos verfügbares Wissen musst du Zeit investieren, um für dich selbst und deine Kunden einen Mehrwert zu erzielen. Wenn du Wissen kompakt wiedergibst, etwa in Form von Rezepten samt den passenden Produkten im Bundle, sparen deine Kunden Zeit und sind dankbar, dass es neben dem kostenlosen Angebot, hier dein Kochvideo mit Rezept, auch gleich den Kaufbutton gibt. Ich mache dies ebenso. Videos bei YouTube und im Blog sind kostenfrei, wer individuelle Hilfe benötigt, der bucht unser Mentoring. Oder wer direkt eine komplette Umsetzung benötigt, da er erkannt hat, dass Zeit Geld ist, der bucht unser Elite-Dropshipping-Paket!

10. Ich habe leider kein Geld zum Starten ☹
Wir haben inzwischen verinnerlicht, dass sich das Morgen aus dem Heute ableitet. Unsere Entscheidung von heute wird das Morgen mitgestalten. Wenn wir jetzt nicht handeln, werden wir morgen nicht weiter sein. So verhält es sich auch mit den eigenen Finanzen. Jene Menschen, die meine Hilfe am dringendsten nötig hätten, finden Ausflüchte, warum es gerade jetzt nicht geht. Unser Elite-Dropshipping startet bei 6.500 Euro netto und ist gewiss nicht preiswert, aber der Nutzen überwiegt um Längen. Zudem ist das Ganze in drei Raten zahlbar. Wenn also bereits eine abstrakte Summe der Grund ist, nicht zu starten, was wird solche Menschen noch aufhalten? Ich kann es dir sagen: Sie erwarten, dass ich deren Erfolg garantieren kann. Sie erwarten, dass ich ihnen sage, wie hoch die monatlichen Kosten sind. Natürlich habe ich Erfahrungswerte, ich bin jedoch kein Hellseher. Menschen neigen dazu, einen Schuldigen zu suchen. Wenn es nicht klappt oder nur wenige Euro teurer wird, ist es einfacher, sich zu belügen und zu sagen: Fabian ist schuld.

Er sagte dies und das. Er hätte mich darüber viel besser aufklären müssen! Hätte ich? Sollte ich am besten nicht nur ein funktionierendes Konzept liefern, sondern auch gleich die Arbeit dazu? Das erinnert mich an die Umsatzbeteiligungen, die ich als Angebot erhalte. Dabei verkennen all jene „Möchtegern-Gründer", dass *ich* nicht etwas verändern möchte, nicht *ich* möchte erfolgreich werden. Ich bin mit meinem Erfolg zufrieden und habe einen Weg, den ich fokussiert fortschreite. Stell dir daher die Frage, welchen Mehrwert du deinem Mentor, beispielsweise mir, geben kannst. Wenn du einen x-%-Anteil anbietest, ist das wertlos. Selbst 100 % sind zu wenig. Denn 100 % von nichts ist nichts – null! Versteh mich nicht falsch, aber ein Mentor, wie ich mich sehe, ist kein Investor. Ich habe dir vorhin gesagt, ja, ich bin ab und zu ein Business-Angel. Falls du nicht weißt, was ein Business-Angel ist – das sind meistens Privatpersonen, so wie ich das jetzt bin, die ein Business haben, die mehrere Jahrzehnte oder sehr einschlagreiche Erfahrung vorzuweisen haben. Der typische Business-Angel ist natürlich ein bisschen älter als ich, weil er oftmals schon im Ruhestand ist. Ich bin immer noch im aktiven Business, wenn auch in einem anderen als in dem aktiven Dropshipping-Business, weil ich mich jetzt unserem Mentoring und den Elite-Projekten widme. Aber das ist jenseits vom Dropshipping. Spannend wird es für mich ebenso wie für jeden anderen Investor nur, wenn sich Synergien ergeben! Genau das suche ich. Ich bringe das Vertriebs- und Marketingwissen ein, ein anderer sein Kapital oder sein Produkt, sein Team etc. Tauschgeschäfte gibt es bereits seit Tausenden von Jahren. Menschen haben schon immer Gold gegen Essen und Schmuck gegen Kleidung getauscht. Aber „Nichts" ist nicht zu tauschen. Darum

90

musst du etwas erschaffen. Du darfst dich nicht unterkriegen lassen, kämpf! Bei YouTube findest du ein Video auf meinem Kanal, es handelt von Christof. Er hatte kein Geld, um mich zu bezahlen, aber ein spannendes Produkt. Es waren Duschköpfe, also half ich ihm, diese erfolgreich zu verkaufen. Später half ich ihm, einen Partner für sein Dropshipping-Business zu finden. Und im Laufe der Monate machte er Umsatz und konnte mich bezahlen. Ich möchte damit sagen, du musst nach Lösungen suchen. Wenn du etwas erreichen möchtest, dürfen dich Ungewissheiten nicht aufhalten! Du darfst nicht wegen fehlender 6.500 Euro nicht beginnen. Du darfst nicht scheitern, weil du keinen Weg gesucht hast. Scheitern ist nicht schlimm, das hatten wir bereits – aber, um zu scheitern, musst du etwas versucht haben! Versuch einen Weg zu finden, unterbreite mir ein Angebot. Unterbreite deinem Handelspartner, deinem Investor ein Angebot. Dein Angebot ist dein Businessplan! Schreib ihn, bestück ihn mit unwiderstehlichen Fakten. Versteh dich nicht als Hellseher, doch mal dir die Zukunft aus. Bring dies plausibel zu Papier und Menschen werden dir vertrauen. Du wirst Geld erhalten, da man dir und deinem Konzept für das Dropshipping vertraut. Merke: Wenn du nur das tust, was leicht ist, wird das Leben hart erscheinen. Doch wenn du all die harten Nüsse knackst, wird das Leben leicht erscheinen! Die meisten Menschen, die ich kennenlernen durfte, scheitern zuerst in ihrem Kopf. Sie scheitern an ihrer Einstellung, mental. Wenn sie erst einmal den ersten Schritt gemacht haben, gilt es, dranzubleiben. Das gilt gerade dann, wenn du kein Geld hast, um Waren einzukaufen. Kein Problem, werd zuerst Dropshipper, du kannst später immer noch ein Ladenlokal in einer A-Adresse eröffnen. Wenn ich mir etwas wünsche, aber kein Geld habe, mache ich etwas Verrücktes. Ich biete Dinge an, die ich nicht habe. In meinem Fall sind das Kursangebote. Ich produziere diese erst nach dem ersten Auftrag. Elite-Dropshipping bescherte uns einen sechsstelligen Umsatz binnen Wochen, dabei war mein Plan, drei Pakete im Jahr zu verkaufen. Während ich dieses Buch schreibe, sind es durchschnittlich drei pro Woche. Alle Erwartungen wurden übertroffen, der Erfolg meiner Elite-Unternehmen gibt mir recht. Viele Kursangebote etwa zum Thema Amazon FBA wanken dabei nur so dahin, aber das ist nicht schlimm. Ich hatte kein Geld, also produzierte ich nichts. Aber ich habe ein Angebot erschaffen. Dieses Angebot bietet die Möglichkeit, Neukunden zu erreichen und Umsatz zu machen. Als Dropshipper kannst du das gleiche tun. Du bietest wie ich Dinge an, die du nicht hast. Bei mir sind es Wissensleistungen, bei dir Produkte. Wir beide suchen Kunden, nachdem wir ein Angebot erschaffen haben. Einen Einkauf oder ein Kapitalrisiko haben wir beide nicht. Aber gewinnen können wir, nur gewinnen. Darum kreiere ich dauernd neue Services, ich teste sie. Wie sind die Reaktionen, was geht, was nicht? Beginn behutsam, aber sei konsequent! Trau Dich, ein Angebot zu erstellen, und du wirst erstes Geld verdienen, mach es wie Christof. Verkauf deine ersten Artikel, dann hast du Geld, und kannst jederzeit upgraden, beispielsweise ein Privat-Mentoring mit mir oder ein Elite-Live-Event. Kein Geld zu haben, ist nicht schlimm, ich kenne diese Situation. Schlimm ist, nichts daran zu ändern!

Arbeite dort, wo andere Urlaub machen: heute!

Du kennst nun mindestens zehn Gründe, die dir im Weg stehen können, doch der Hauptgrund bist du selbst. Mental stehst du dir oftmals im Weg. Dabei fällt mir wieder diese Geschichte ein. Du bist der beste Drehbuchautor für Dramen und Horrorgeschichten. All die Dinge, die du dir ausmalst, werden in der Praxis wohl nie geschehen. Doch du durchlebst all diese Vorstellungen, als seien sie real. Mark Twain sagte in diesem Kontext: „Ich bin ein alter Mann und habe viel Schreckliches erlebt, aber zum Glück ist das meiste davon nie eingetroffen. Du würdest gerne umziehen, in ein fremdes Land? Du würdest lieber deinen Job kündigen und neu beginnen? Der Traum vom eigenen Dropshipping-Imperium hast du täglich vor Augen? Es könnte so schön sein – und ganz bestimmt wird eines Tages der Zeitpunkt kommen!? Aktuell arbeitest du noch an deinen Sicherheiten. In der Freizeit, neben deinem festen Job entsteht dein Biz. Hör bitte auf! Es ist Quatsch oder einfach nur Selbstbetrug! Lass uns lieber heute mit deinem Traum vom eigenen Dropshipping-Unternehmen anfangen! Arbeite dort, wo andere Urlaub machen, führ ein selbstbestimmtes Leben! Schau, ich habe eine Privatinsolvenz erfahren, Beziehungen sind gescheitert und fristlos gekündigt wurde ich auch schon. Du hast die Geschichte vor Augen, nicht wahr? Ich kann deine Gefühle und Zweifel verstehen. Wirklich! Aber sie bremsen dich täglich aus! Was kann dir in unserer westlichen Welt passieren? Dein Traum scheitert, okay. Zur Not hilft dir unser Staat! Dieses Netz der Sicherheit ist in Ordnung. Ich kenne viele, die wie du sind, aus meinen täglichen Beratungen! Absichern gegen fast alles, immer einen Plan B haben, ist zur Normalität für unsere Gesellschaft geworden. Versicherungen leben von der „German Angst"! Hurrikane, Schneestürme und Hochwasser – all dies kostet Unternehmen immer mehr Geld. Die Angst davor zwingt zur Versicherung, sicher ist schließlich sicher! Doch wer ist besonders betroffen? Du? Forscher analysierten Daten der US-Notenbank Federal Reserve in Bezug auf das Verhalten von Unternehmen aus den Bundesstaaten New York, New Jersey und Connecticut, nachdem Hurrikan Sandy 2012 stark gewütet hatte. Das Ergebnis: Jüngere Unternehmen erlitten deutlich stärkere Einbußen als andere. Nicht zuletzt, weil die wenigsten von ihnen entsprechende Versicherungen abgeschlossen hatten. 60 % der Unternehmen, die jünger waren als fünf Jahre, verzichteten sogar ganz auf Policen. Zudem hatten Start-ups kaum Zugang zum Kreditmarkt, um die Schäden durch den Hurrikan auszugleichen, stellten die Forscher fest. Aufgrund der geringen Ressourcen müssten Start-ups „darauf wetten, dass sie von zufällig auftretenden Ereignissen verschont bleiben", folgerten die Experten. Versichern wir uns also besser gegen alles? Ich sage Nein! Klar, es bleibt ein Risiko. Nur, weil der Gedanke an einen Plan B und an die Sicherheit so verlockend ist, sollte er nicht die einzige Alternative sein. Ich behaupte daher selbstbewusst, wenn du stets einen Plan B mit dir herumschleppst, verringert sich deine Erfolgschance drastisch! Wenn du ständig darüber nachdenkst, was du noch alles tun könntest, nur für den Fall, dass deine gesteckten Ziele verfehlt werden, bremst du dich aus! Ich zeige dir nun, warum ich diese Überzeugung habe. Hierzu gibt es ebenso Untersuchungen, diese schauen wir uns nun an. Zu meiner „Pleite- und Fristlos-Zeit" waren mir solche Erkenntnisse einfach nicht bekannt. Heute teile ich aufgrund meiner Erfahrung diese Sichtweise. Immer dann, wenn etwas Arbeit und nicht Glück erfordert, um dein Ziel zu erreichen, kann sich ein Back-up-Plan negativ auf deine künftigen Leistungen auswirken. Doch warum ist das eigentlich so? Zunächst liegt dies daran, dass unser Verlangen, ein Ziel zu erreichen, unterbewusst sinkt. In einer Studie wurden Teilnehmer befragt, wie stark ihr Wunsch war, eine versprochene Belohnung von einem Dollar zu bekommen. Diejenigen Teilnehmer, die von den Studienleitern zuvor gebeten wurden, einen Plan B zu entwickeln, gaben an, das Geld weniger zu wollen als die anderen. Ihnen war diese veränderte Einstellung möglicherweise zum Zeitpunkt, als die Teilnehmer die Aufgabe bearbeiteten, nicht bewusst. Sie waren weniger motiviert, also strengten sie sich offenbar weniger an. Dies mündete in schlechteren Ergebnissen. Notfallpläne haben mit Sicherheit große Vorteile, dies steht außer Frage. So auch bei Versicherungen. Eine Krankenversicherung mag sinnvoll und notwendig sein. Aber eine Versicherung gegen Hurrikans wäre überzogen in unserem Breitengrad! Bereits als Kind bekommst du quasi deinen „Plan B, Sicherheit geht vor" in die Wiege gelegt. Ich habe davon bereits berichtet, Stichwort Schulsystem, guter und sicherer Job. So eine Vereinfachung! Fest steht, wenn du aus Gewohnheit solche Save-Pläne schmiedest, entsteht ein psychologischer Komfort. Du denkst dir, „es wird schon alles gut gehen" – im Notfall kann ich immer noch X oder Y machen. So gesehen erscheint dir eine brenzlige Situation, etwa ein neues Projekt oder eine Firmengründung, weniger unsicher. Ein anderer Vorteil ist, dass du nicht lange von deinem Misserfolg konfrontiert bleibst – falls dieser eintritt. Statt dich mit dem Scheitern zu befassen, wird schnell zum nächsten Plan gesprungen. Aber: Die „Kosten" (oder sagen wir Anstrengungen), die durch solche Notfallpläne entstehen, sind zuvor nicht untersucht worden. Man geht davon aus, dass es zu besseren, fundierten Entscheidungen führen könnte. Demnach gilt, immer, wenn du dich auf ein Scheitern vorbereitest, scheiterst du viel eher. In der Praxis mag ein differenzierter Ansatz sinnvoller erscheinen. Hier eine Bewerbung schreiben, dort das Dropship-Biz in der Freizeit aufziehen. Es macht daher keinen Sinn, pauschal auf Notfallpläne zu verzichten. Aber vielleicht kannst du mit dessen Entwicklung so lange warten, bis du so weit wie möglich auf dein Primärziel hingearbeitet hast.

Wenn du später ein Team leitest, das ein bestimmtes Ziel erreichen soll, erstell eine zweite Gruppe mit anderen Leuten und bitte diese, einen Reserveplan zu entwickeln. Nimm nicht dein eigenes Team. Wenn du ein Start-up gründest, nimm dir fest vor, für einige Zeit nur dieses eine (zuvor definierte) Unternehmensziel zu verfolgen. Das ist besser, als die ganze Zeit nach anderen Projekten Ausschau zu halten, um bei den ersten Schwierigkeiten sofort umsatteln zu können.

Nein zu Standard: Regelbrechen erwünscht

Vertriebler kennen das Problem gewiss. Erfolg muss her, Umsatz will geschrieben werden. Das Problem ist, wenn du jeden Tag das gleiche machst, wird morgen daran nichts ändern. Ich hoffe, das ist nun klar geworden. Du kannst dich also Monate abrackern und dennoch trotz vollem Einsatz kein Umsatz erzielen. Wenn du auf einer Gehaltsliste stehst, tauscht du lediglich Zeit gegen Geld. Dann macht dir vielleicht das alles wenig bis nichts aus. Wenn es aber deine Mitarbeiter wären, wäre es dir dann auch egal? Wenn es deine Planzahlen wären, die du im Businessplan notiert hättest? Aus diesem Perspektivenwechsel wird deutlich, es muss sich etwas ändern, und zwar besser heute als morgen! Sonst übermannen dich früher oder später deine (Personal)-Kosten. Das wichtigste ist, dass sämtliche (deiner) Verkäufer ihre Anrufe zwischen 9 und 17 Uhr machen. In ihrer gewohnten Arbeitszeit, klar! Wie könnte es auch anders sein, oder? Ist doch klar, nicht? Losgelöst von der Erreichbarkeit, einen passenden Entscheidungsträger zu erreichen, kommt hinzu, dass oftmals der Vorzimmerdrache den Zugang zu den Entscheidungsträgern massiv erschwert. Firmenchefs sind eben in aller Regel gut abgeschirmt. Die Ironie ist jedoch, dass diese Wachhunde auch Arbeitszeiten haben, die sich mit denen deiner Mitarbeiter decken. Wenn wir nun das Gegenteil von dem der anderen Verkäufer tun, wie wären wohl die Ergebnisse? Das Gegenteil meint hier konkret, wir rufen zwischen 7.00 bis 8.30 Uhr und von 18.00 bis 19.30 Uhr an. Plötzlich nimmt der Oberboss persönlich den Hörer ab. Du kannst dir daher in deinen täglichen Routinen durchaus die Frage stellen, was kannst du noch heute ändern? Womöglich kann es ein

Satz in deiner Signatur sein, der eine Überlegung zur Änderung wert ist. „Ich verstehe sehr gut, wenn Sie zu beschäftigt sind, um zu antworten, und danke Ihnen, dass Sie bis hierher gelesen haben." Ist etwas Out-of-the-Box anstelle „Ich verbleibe mit freundlichen Grüßen und freue mich auf unser Gespräch". Und wenn du aktuell kein Vertriebsteam hast, kannst du mit dieser Anrufzeit-Optimierung deine Gesprächspartner bei der Lieferanten-suche bewusster bestimmen. Oftmals ist es wirklich das Verlassen deiner Komfortzone!

Nein zu sagen, will gelernt sein

Der Zwiespalt, in dem wir leben, ist paradox, das hat auch Hermann Scherer in seinem Buch „Fokus!: Provokative Ideen für Menschen, die was erreichen wollen" erkannt. Er schreibt dazu auf Seite 172: „Ständig werden wir zur Folgsamkeit erzogen, ein klares, eindeutiges »Ja!« zu formulieren. Hausaufgaben machen? Ja! Pünktlich zum Essen erscheinen? Ja! Lernen, Ausbildung, Studium? Ja! Herausforderungen? Ja! Verantwortung? Ja! Für andere und die Gemeinschaft da sein? Ja! Dem Kunden dienen? Ja! Steuern zahlen? Ja! Wählen gehen? Ja! Und nicht nur einfach ein Ja! Sondern bitte ein JA mit Freude, Verbindlichkeit, Entschlossenheit! Mit der mentalen Haltung: Gib mir ein Problem und ich zeige dir in einer Sekunde, wie klein das Problem ist, wie schnell es gelöst ist, weil ich es beherzt anpacke und Ja sage! Und das Problem zu gar keinem Problem mehr mache, sondern zu einer Lösung, zu einem Nichts, zur Vergangenheit. Ja, ich mache das! Ja, wir schaffen das! Yes, we can! Ja, ja, ja, als guter Sohn oder gute Tochter, als guter Schüler oder gute Schülerin, als guter Partner oder Partnerin, als guter Staatsbürger oder Staatsbürgerin, als guter Mensch oder gute Menschin sind Sie gefälligst ein Ja-Sager oder eine Ja-Sagerin! Und seien sie obendrein ruhig stolz darauf! Denn bezogen auf einen gesunden Pragmatismus, auf eine hilfreiche Lösungsorientierung, eine konstruktive Veränderungsbereitschaft und allgemein auf einen positiven Beitrag zum Großen und Ganzen dürfen Sie ja auch wirklich stolz darauf sein, stets für ein verbindendliches (sic!) Ja zu haben zu sein. Und dennoch: Wohin führt denn die Ja-Sagerei? Am Ende sagen Sie unbemerkt viel öfter Nein (sic!) als Sie denken. Denn beim Entscheiden gilt genau das gleiche wie das, was Paul Watzlawick für das Kommunizieren herausgefunden hat: Man kann nicht nicht kommunizieren. Auch ein Schweigen ist beredt. Auch ein Pokerface spricht Bände. Auch eine unausgefüllte Steuererklärung führt zum Steuerbescheid. Analog: Man kann nicht nicht entscheiden. Sie entscheiden immer."

Es wird also Zeit, dein Leben selbst in die Hand zu nehmen. Heute nicht mit Dropshipping anzufangen, sondern erst morgen, ist eine Entscheidung. Und wenn du heute nichts änderst, dann ist dies eine Entscheidung. Man muss Nein sagen, wenn man nie Zeit hat. Als moderner Sklave kann es leicht vorkommen, dass man ständig unter Terminstress steht. Aber warum nur? Hat da jemand zu oft JA gesagt? Ein Ja bedeutet, dass man sich automatisch gegen etwas entscheidet. Ein fester Job in Anstellung wie schon immer, bedeutet nein zum Selbstständig sein. Nein zum ortsunabhängigen Arbeiten, nein zu einem nicht limitierten Einkommen! Immer, wenn du nicht oder zögerlich entscheidest, wirst du kurzerhand von jemandem entschieden – auch das ist eine Entscheidung. Auch einer Exklusivvereinbarung wird oftmals viel zu viel Aufmerksamkeit geschenkt. Wenn du glaubst, es wäre mit dem Ja zu einem Exklusivdeal getan, blendest du lediglich all die Hundertschaften anderer potenzieller Partner aus. Und dies lediglich, weil zugunsten des einen bewusst verzichtet wird. Nüchtern betrachtet hast du für ein einziges Ja mit hundertfachem, mit millionenfachem Nein bezahlt. Und wer weiß schon, welche Unternehmen und Kooperationspartner womöglich noch besser gepasst hätten?! Eine Absage ist daher ebenso nicht schlimm, es ist genau das Gegenstück. Ein Nein und Unsummen von

Ja, die nur darauf warten, entdeckt zu werden. Hinfallen, aufstehen und weitermachen! Rund 20.000 Entscheidungen triffst du täglich. Die meisten davon sicherlich blitzschnell und reichlich unbedacht. Bereits wenn du aufstehst, triffst du deine erste Entscheidung. Dein Wecker summt und piept. Dein Zeigfinger landet auf der Snooze-Taste. Entscheidung getroffen! Was hast du gewonnen mit diesen fünf Minuten Dämmerschlaf? Sie bedeuten weniger Zeit für dein Frühstück. Die Sonne, die dir guten Morgen sagen möchte durchs Küchenfenster, hast du verpasst. Und auf die zweite Tasse Kaffee verzichtest du auch. Dies war eine Entscheidung, die in Folge der ersten Entscheidung eingetroffen ist. Und nebenbei: Hast du deine Lieblingskrawatte oder Lieblingsstrümpfe ausgewählt oder einfach nur blindlings das erste gegriffen, was kurzerhand zur Hand war? Du bist für deinen Look und damit auch für die hochgezogenen Augenbrauen des modebewussten Investors verantwortlich! Es wird Zeit, dass du im Hier und Jetzt ankommst. Jede Handlung bestimmt deine nächste! Wenn du heute nicht mit Dropshipping beginnst, wirst du morgen weniger ideale Startbedingungen haben? Natürlich nicht! Also: Wenn dir deine Situation im Leben nicht gefällt, erinner dich freundlich selbst an die Tatsache, dass du es ganz allein warst, der die Tür hierher geöffnet hat. Womöglich mit einem unbedachten Ja. Ein falsches Ja kann alles zugrunde richten. Ein einfaches Ja von Volkswagen in Sachen Abgaswert hat dem Konzern in einer Woche 30 Milliarden gekostet. Darum wird es an der Zeit, Nein zu all dem Durchschnitt, Nein zu all dem Mittelmaß zu sagen! Nein zu „so etwas kann ich mir nicht leisten" und Ja zu „eine Lösung suchen"! Nein, es gibt keine Retourenlösung? Nein, nicht immer ist Nein die richtige Antwort. Aber immer öfter!

Retourenlösung für dein Dropship-Biz

Retouren sind gewiss extrem unsexy. Ob klassischer Versandhandel oder Dropshipper, alle haben damit zu tun. Eine Lösung muss daher gefunden werden. Bewusst musst du dir auch machen, dass jede Retoure ein potenzielles Feedback deiner Kunden nach sich zieht. Ja, der Kunde hat immer recht! Es war die wichtigste Entscheidung, die ich für mich persönlich getroffen habe. Früher, in meiner Startphase, habe ich meine Kunden stets gemaßregelt. Zum Beispiel, wenn diese etwas zurückgeschickt haben. Ich habe gesagt, es gab diese 40-Euro-Klausel in unseren Geschäftsbedingungen. Je nach Warenwert wurde also entschieden, ob mein Kunde oder ich, der Verkäufer, die Retourenkosten tragen muss. Und wer denke erst an unfreie Rücksendungen. Ich habe stets debattiert. Ich habe den Leuten erklärt, laut Paragraf dies und das und laut unseren AGB ist dies so nicht hinnehmbar. Die Konsequenz war bei Amazon ein A–Z-Antrag. Alternativ eine negative Bewertung. Und wenn es ganz uncool lief, hatte ich sogar beides. Falls ich mal bei eBay verkauft habe, war es der PayPal-Konflikt, der die Angelegenheit aus dem Ruder laufen ließ! Bei einer solchen unfreien Retoure belief sich der Schaden auf gefühlt 100 oder 1.000 Euro, aber es waren „nur" 12 Euro. Mit der Zeit reifte in mir die Erkenntnis: Der Kunde hat immer recht. Und das bedeutet, wenn der Kunde etwas zurückschicken will, erstatte ich immer die Versandkosten. Ich stelle immer einen Retourenschein zur Verfügung. Das bedeutet, ich handle ebenso kulant, wie dies von Amazon beispielsweise bekannt ist. Fabian, das kostet aber Geld, hör ich dich sagen. Das geht richtig ins Geld, wenn du jedem das Ding kostenfrei gibst. Oder noch besser bei kleinpreisigen Artikeln, wenn du deinem Kunden sagst: „Wissen Sie was, lieber Kunde, behalte deinen Einkauf einfach!" Glaub mir, es ist preiswerter, doch dazu gleich mehr. Dann verrate ich dir außerdem, woher du einen Retourenschein bekommst und Sonderkonditionen obendrein, selbst bei einer Retourenmenge ab Stückzahl eins! Ich kenne Versandhändler, die haben das Thema Retouren perfektioniert. Nehmen wir als Beispiel eine Matratze, eine richtige Bettmatratze, das kostet gewiss Geld. Das Teil ist groß und sperrig und ein Hygieneartikel dazu. Kannst du dir vorstellen, dass es Unternehmen gibt, die im Falle eines Widerrufs diese einfach verschenken? Ja, der Kunde hat immer recht, aber sagte ich nicht gerade, dies machen wir nur bei Kleinpreiswaren? Kulanz in allen Ehren. Schließlich kann man es auch übertreiben, und wie recht du hast! Einer der größten Matratzenversender in Europa schenkt dir die Matratze im Widerrufsfall. Effektiv. Nicht direkt, aber lass mich das kurz ausführen. Die Erkenntnis ist, dass der Kunde immer recht hat. Wenn du beispielsweise bei Amazon sagst, du hast das falsche Buch erhalten, schickst ein ganz anderes zurück, dann hast du immer recht und bekommst dein Geld. Vor Kurzem ist dies passiert: Ein kleines Büchlein mit einem Umfang von fünf–sechs Seiten – das ist schon wirklich mutig, das als Buch zu bezeichnen – hat 7 Euro gekostet. Das habe ich dem Kundenservice auch so erläutert, das ist beim besten Willen kein Buch. Amazon klack – Kunde hat immer recht, Geld zurück. Und die Erkenntnis, die fällt einem schwer, weil es dein eigenes Geld ist, ich weiß. Aber ich kann sagen, langfristig zahlt sich das aus. Wenn also König Kunde sagt, er wolle dies und jenes zurückschicken, dann soll es halt so sein. Denn mit seinen Kunden zu debattieren, das kostet Zeit. Zeit ist

Geld und zudem wäre da noch das mit der negativen Reputation. Und denk bitte daran, die Reputation kann dich die Lizenz zum Verkaufen kosten. In der Tat, ich weiß, es klingt paradox. Wenn man dem lieben Kunden Geld hinterherschmeißt, mag das kurzfristig unklug wirken. Doch in Wahrheit sitzt dieser am längeren Hebel. Letztendlich geht es darum, dass du weiterhin verkaufen willst (musst!) und überlegen solltest, wie viel Umsatz du verlierst, wenn du jetzt gesperrt wirst. Stell für den Anfang nur diese 12 Euro Unkosten aus der unfreien Retoure gegenüber. Diese Erkenntnis musst du aufs Jahr hochrechnen und dann stimmst du mir gewiss zu, dass der Kunde immer recht hat. Und ja, selbst wenn dein Kunde sagt, dass er eine Fälschung erhalten hat, obwohl du garantiert Originalware hast versenden lassen, soll es so sein! Eine Debatte ist sehr unklug. Hinzu kommt, dass Kunden etwa bei Amazon solche Anschuldigungen sehr subtil machen können. Ich habe ein ganzes Video zu dem Thema Sperrungen und Sperrgründe gemacht, du findest es auf unserem YouTube-Kanal. Grundsätzlich gilt, wenn du etwas zurückschickst, gibt es sehr viele Fragen, zum Beispiel, warum du das zurückschickst. Dein Kunde kann bei Amazon aus einer Vielzahl an Optionen wählen. Zum Beispiel „falsche Beschreibung auf der Website" oder „wurde billiger gesehen" oder die Frage nach der Originalware. Meist gibt es noch ein tückisches Kommentarfeld. Kunden werden zu Autoren und führen eine Menge Gründe an, warum höchstwahrscheinlich der Artikel kein Original ist. Da kann der Karton, der fehlt, ein Auslöser sein, oder weil der Artikel falsch herum im Paket liegt. Auch ein Hinweis auf B-Ware in der Beschreibung macht die Sache nicht besser. Fakt ist, mitunter genügt ein (!) einziger Fall und Amazon kommt zu der Erkennt-

nis: Oh, da könnte in der Tat eine Fälschung im Spiel sein, da nehmen wir den Account mal offline. Wir suspendieren sicherheitshalber. Für Amazon bist du nur einer von Tausenden Verkäufern, doch für dich ist mitunter Amazon der einzige wirkliche Vertriebskanal – insbesondere zu Beginn! Kulanz ist daher extrem wichtig, wenn du langfristig überleben willst! Originalware samt Nachweis genügen nicht, um den Fälschungsvorwand zu entkräften. Es gibt keine Garantie dafür! Ist erst einmal die Ware aus dem Verkehr gezogen und der Account gesperrt, geht es sehr schleppend, bis Lösungen erarbeitet werden können. Folgerichtig: Dein Kunde hat immer recht. Wenn er etwas retournieren will, dann sei es so. Buch es als Lehrgeld ab. Es sind Opportunitätskosten, wie man förmlich korrekt wohl sagt. Es ist einfach egal. Buch es einfach weg, Schwamm drüber, diskutier nicht. Der Kunde wird dann wieder bestellen – und wenn du dieses Buch aufmerksam bis hierher gelesen hast, sollte der Kunde diesen Folgekauf in deinem Shop tätigen. Das wird er nie, wenn du ihn ungeschickt und bürokratisch empfangen hast. Natürlich ist die Frage, ob du einen Retouren-Kunden überhaupt möchtest, aber reflektier dein Handeln. Sicherlich hast du schon Sachen retourniert und warst dankbar für eine schnelle und hilfsbereite Lösung! Merke: Amazon wird dich nicht „aus Versehen" sperren. Mit denen zu debattieren, kostet mehr Geld, mehr Zeit, als einmal dem Kunden zu sagen, dass er recht hat!
Jetzt kommt noch das angekündigte Beispiel mit den Matratzen. Ich finde, das ist eine sehr clevere Lösung. Wenn du besagte Matratze nicht haben möchtest, gibt es eine Möglichkeit zur Problemlösung. Die erforderlich ist, da sie immerhin vier–fünf Wochen Probe gelegen werden durfte. Wenn der Kunde dann merkt, huch, ich habe Rü-

cken, ist das für die Retouren-Bilanz nicht gut. Besagter Hygieneartikel ist außerdem ein sperriges Produkt, das bedeutet doppelte Kosten: Spedition, Zwei-Mann-Job ... Das kostet richtig Geld. Mal losgelöst von dem Hygienethema, ein Wiederverkauf kommt nicht mehr infrage! Darum also verschenken? Möglich. Es gibt clevere Versandhändler, die erkannt haben, dass sie ihr Image mit Retouren (!) positiv beeinflussen können. Man denke an das Thema Spenden. Immer, wenn du eine Matratze aufgrund dieses Probeliegens retournieren willst, wird diese gespendet. Der Kunde kann die Matratze bei den nächstgelegenen Spendeneinrichtungen abgeben. Diese Einrichtungen sind etwas Tolles. Sie helfen bedürftigen Menschen. Meine Oma ist beim Kinderschutzbund tätig. Eine tolle Einrichtung! Da bringst du deine Sachen hin, die verkaufen das und die Erlöse werden gemeinnützig gespendet. So musst du dir das vorstellen. Mit solch einer Spendenquittung läuft das auch mit der Matratze! Besagter Versandhändler wartet auf deine Quittung und erstattet das Geld. In Summe ist somit jede Retoure eine Spende aus Sicht des Unternehmens. Für das eigene Image eine wohlwollende Lösung! Am Ende des Jahres kann man schließlich verlauten lassen: Bumm, das ist unsere Spendenbilanz, wir haben für Summe x gespendet. Und das Gute ist, keine Retouren-Handlingskosten. Keine Zwei-Mann-Spedition nötig! Diesen caritativen Zweck gilt es nun, für dein eigenes Business zu überdenken!

Das müssen bei dir keineswegs Matratzen sein. Schöner Nebeneffekt, auch dein Kunde fühlt sich gut dabei (während er mühevoll die Matratze in sein Auto quetscht)! Immerhin hat er etwas Gutes getan. Das kann sicherlich ein Hebel sein: Thema Influencer, Thema Social Sharing, das heißt, ich rechne damit, dass diese Käufer das weitersagen. Immerhin ist man stolz, wenn man spenden darf! Menschen sind mitteilsam, also erzählen sie es weiter, machen ein Foto vom vollen Auto und der wohlwollenden Spendenquittung! Letztlich haben wir eine Win-win-Situation aus der eher schlechten Situation der Retoure geschaffen.

Wenn du einen Artikel hast, für den ein Retourenschein benötigt wird, gibt es in der Praxis ein Problem. Die Paketdienste nehmen nur ungern Neukunden, wenn die Menge nicht relevant hoch für diese ist. Für Dropshipper ist das ungünstig. Wir haben ein Henne-Ei-Problem. Einerseits mag es toll sein, wenn einzelne Hersteller direkte Retourenlösungen anbieten, du also deren Paketlabel verwenden kannst. Doch dieser Komfort ist gleichzeitig der größte Nachteil, du kommst so nie auf eine echte Menge. Abhilfe schaffen da Retourenlösungen wie die von Coureon. Ich kann dir eine Anmeldung auf diesem Portal nur empfehlen. Zunächst musst du wissen, dass Coureon kein Paketdienst ist. Vielmehr bietet dir dieses Portal eine Vielzahl von Paketdiensten aus einer Hand. Darum ist es nicht wichtig, dass du eine kritische Masse an Paketen hast. Tausende von Kunden erreichen in Summe spielend leicht diese Grenze. Du profitierst hingegen ab dem ersten Paket von einem internationalen Retourenservice, der Preisvorteile von bis zu 80 % ermöglicht! Keine Mindestumsätze oder Vertragskosten! Einfach testen. Ein toller Nebeneffekt ist, dass du auch Pakete zu einem Lager bzw. zu einer Wunschadresse senden kannst. Dies mag langfristig toll sein, man denke an FBA & Co., wenn du deine Bestseller selbst einkaufen willst. Für unsere Elite-Partner habe ich mit Coureon einen Sonderdeal ausgehandelt. Dieser ermöglicht eine neutrale Retourenadresse. Somit werden die Pakete direkt vom Kunden an unsere neutrale Adresse geroutet. Du bekommst dann ein Foto von der Umverpackung sowie ein weiteres von deinem Artikel. Diese Zustandsbeschreibung geht dir unmittelbar nach der Ankunft des Pakets zu. Du kannst bequem entscheiden, wie weiter verfahren werden soll. Überdies kannst du auf drei Wegen deinem Kunden das Retourenlabel zukommen lassen. Am einfachsten ist es für deinen Kunden, wenn du der Sendung direkt einen Retourenschein beilegen würdest, da der Hersteller sowieso in deinem Namen und mit deinem Lieferschein versendet. Technisch kannst du das auch automatisieren, allerdings wird der Komfort sicherlich die Menge der zu erwartenden Retouren erhöhen. Als zweite Möglichkeit sei das Retourenportal selbst genannt. Es ist meiner Ansicht nach das Offensichtlichste. Du loggst dich in deinen Kundenaccount ein und gibst die Größe und das Gewicht der Retoure an, gefolgt von der Adresse, und der Paketschein kann als PDF abgespeichert und per E-Mail an deinen Kunden gesendet werden. Etwas zeitsparender ist die Anbindung an eBay oder Amazon, die Coureon anbietet. Du sparst dir die manuelle Adresseingabe. Der dritte Weg ist, dass du das Retourenlabel direkt von deinem Kunden ausfüllen lässt. So empfehle ich es bei unserem Elite-Paket. Wir integrieren hierzu einen Link in unser Dreamrobot-Kaufabwicklungstool. Mit nur einem Klick wird aus dem System heraus die E-Mail an den Kunden gesendet. Jeder Link ist einzigartig, somit können nicht nach Belieben Retourenscheine auf deine Kosten erzeugt werden. Wie auch immer deine Lösung aussehen mag, ich denke, dass du mit Coureon einen starken Partner gefunden hast. Nutze ihn! Abschließend noch etwas zur Denkweise auf

Verkäuferseite. Im Idealfall hast du dich durch die letzten Seiten Input bestärken lassen, etwas kulanter zu starten. Wenn nein, dann ein neuer Versuch.

Dieses Mal soll es um das Thema Wertminderung bei Retouren gehen. Ich weiß aus eigener Erfahrung, dass es Händler gibt, die sagen so etwas wie: „Hey, ich habe hier ein Produkt bekommen, nicht in der Originalverpackung, hier ziehen wir dem Kunden x Euro, x % ab." Wieder bedeutet das Stress für den Kunden. Möglicher Vorsatz hin oder her. Das Dreisteste, das ich in jüngster Vergangenheit erlebt habe, passierte mit einem Artikel aus unserem Erotiksortiment. Da gibt es diese pechschwarzen Latexbetten. Solche werden heute noch verkauft. Megagruselig. Gewiss, das ist eine Sache für sich. Ein sehr skurriler Artikel. Die Geschichte nahm ihren Lauf vor Weihnachten. Nach Weihnachten wurde das Ding wirklich komplett in allen Einzelteilen zurückgeschickt. Die hatten bestimmt ihre Freude damit. Und wir mussten dieses Teil zurücknehmen. Was willst du dagegen machen? Der Kunde hat bekanntlich immer recht. Und wenn dieser sagt, das Teil war nicht in Benutzung, dann wird das so gewesen sein. Also, was willst du tun? Ein Latexbett mal kurzerhand spenden für einen guten Zweck, das ist vielleicht ... ungeeignet. Und wie gesagt, dieses Thema mit den Fälschungen, auch wenn das nicht so ist, ist es ein ernst zu nehmendes Problem. Denk bitte daran, dass du bei diesen Amazon-Retourenanfragen nicht differenzieren kannst, warum der Kunde retour schickt. Nett zu fragen ist eine Option, rechtlich aber keineswegs verpflichtend. Und wer gibt bewusst eine Falschaussage zu Protokoll, nur um kostenfrei an einen Retourenschein zu kommen? Es soll vorkommen, dass Leute tatsächlich die Versandverpackungen beschädigen und ein Foto machen und sagen, hier ist alles kaputt, ich will mein Geld zurück. Darum, weg mit der Bürokratie in deinem Kopf. Es gibt keinen anderen Weg, wenn du langfristig ein solides Image aufbauen willst! In deinem Shop kannst du womöglich das eigene Hausrecht ausleben, aber auf Plattformen nicht. Nur, warum sollte man im eigenen Shop Support-Hürden aufbauen, wenn doch einmal jemand bestellt hatte? Nicht zuletzt, da du an diesem Sale keine 15 % (wie im Fall von Amazon) vom Umsatz abdrücken musst. Vergiss bitte, die Kunden um Fotos zu bitten. Ich weiß, das wird so bei eBay gemacht. In meiner Anfangszeit habe ich bei jeder Reklamation schon im Vorfeld erhöhten Blutdruck bekommen. Daraufhin habe ich meine Kunden geärgert. „Schicken Sie bitte Fotos." Schön detailliert von allen Schäden. Das Problem ist nur, wie eingangs gesagt, die Leute machen das, sind aber angepisst und – wenn es blöd läuft – retournieren sie komplett. Darum sei bei einer Reklamation besser lieb und zuvorkommend. Das ist viel zu viel Aufwand. Halten wir fest, ich habe bei Amazon in meinen zwölf Jahren noch nie ein Bildchen senden müssen. Wenn ich dort etwas retournieren wollte, dann ging das problemlos ohne Bilder. Natürlich gibt es Leute, die das ausnutzen. Im Übrigen: Es soll vorgekommen sein, dass Amazon Verkäufer ebenso wie Käufer – da muss man differenzieren – gesperrt hat aufgrund von Missbrauch oder von unnatürlichen horrenden Rücksendungen. Für den Verkäufer ist genau das ein Problem – auch für den Käufer. Als Verkäufer kannst du das verhindern, indem du stets dem Retournierungswunsch nachkommst! Wenn möglich, Geld zurück, fertig. Das ist besser als jeder A–Z-Antrag. Das kann in der Praxis eine Existenz kosten. Alle, die nun denken: Fabian, das geht ins Geld, die waren noch nicht gesperrt. Die waren noch nicht in dieser Situation, denn diese Entscheidung und diese Sichtweise rührt aus meiner Erfahrung. Ich habe alles verloren, du auch? Darum ein letztes Mal: Nimm lieber etwas Unfreies an, als dass du hinterher eine negative Bewertung kassierst. Davor feit dich auch die beste Retouren-Lösung nicht. Im Fall einer negativen Bewertung gehst du zwangsläufig zum Kunden und gibst ihm einen 30-Euro-Gutschein. Offiziell darfst du dies nicht, aber es wäre ein möglicher Weg, wie ich so höre. Eine solche Aktion ist immer mit viel mehr Ausgaben plus deiner Zeit und Nerven verbunden. Wenn du später Mitarbeiter im Team hast, schul diese zur Kulanz! Lern auch hier das Delegieren. Trau deinem späteren Team mehr zu, gib ihm Freiraum, wenn es sich bewährt!

Förder gute Entscheidungen in deinem Unternehmen. Jeder ist gerne so lange leidenschaftlich, wie es Spaß macht. Leider ist Leidenschaft allein nicht ausreichend, nicht in der Liebe, nicht im Beruf. Sie ist zu kurzfristig und zu wenig nachhaltig. Darum musst du Personalentscheidungen treffen und auch revidieren. Ebenso ist es mit deinen Wunschkunden. Abschließender Hinweis zu den Retouren: Nimm solche Artikel aus dem Sortiment, die die höchsten Retouren verursachen. Nur, weil du mit Coureon eine Lösung hast, bedeutet dies nicht, dass du unnötige Kosten produzieren solltest.

Fabian, warum machst du kein China-Dropshipping?

Die, die mich kennen, wissen es. Ich kann dem AliEx-press-Business nichts abgewinnen. Es hat nichts mit dem China-Business als solches zu tun, sondern vielmehr mit der damit verknüpften Erwartung. Diese lautet, jeder könne schnell richtig viel Geld verdienen. Hunderte, gar Tausende Prozent Gewinn seien möglich. Vorweg: Ich gönne jedem alles und mir ist klar, dass es vereinzelt die-se Überflieger gibt. Das ist wunderbar und völlig unstrit-tig. Dennoch halte ich es für fatal, mit dieser Erwartung ans Werk zu gehen. Halten wir daher fest, China ist nicht per se nicht meins. Ich habe in China verkauft und ich bin der Meinung, dass man in China oder in dem asiati-schen Markt grundsätzlich (viel) Geld verdienen kann. Ich halte nur nichts davon, wie es viele bei YouTube oder Facebook machen. Das ist nicht professionell, wie ich finde, und deswegen halte ich von dieser Schnell-Reichwerden-Hymne nichts. Das hat nichts mit einem vernünftigen Importbusiness zu tun. Wobei das gewiss nicht so easy ist. Es gibt Einkaufsgemeinschaften, aber dadurch bekommt der Verkäufer nicht automatisch den besten Preis. Ganz ehrlich, wenn du die ganze Arbeit abgenommen bekommst und eine Einkaufsgemeinschaft hast, wird das nie ganz so spannend sein. Ausreichend zum Herantasten, für ein erstes Meinungsbilden. Wenn du selbst anfängst mit dem Import, gehört eine gewisse Grundkenntnis dazu. Das würde den Rahmen dieses Bu-ches sprengen, zumal es nichts mit Dropshipping zu tun hat. Ich möchte nur an deine Vernunft appellieren. Und der gesunde Menschenverstand sollte dir sagen, ein Wa-rensample ist nicht für den Eigenbedarf bestimmt. Insofern verwundert es nicht, wenn die Versandkosten für ein solches Warenmuster mit 200–300 Dollar zu Buche schlagen. Diese Kalkulation soll genau diesen Privateinkauf zum Einkaufspreis verhindern. Die Hersteller sind gewiss nicht auf den Kopf gefallen. Wenn es doch ein Muster über den großen Teich nach Europa schafft, muss dieses Warenmuster klar als solches gekennzeichnet und unverkäuflich gemacht werden. Üblich sind etwa Lochungen etc. Wer auf Nummer sicher gehen will und ein ernsthaftes Importbusiness aufbauen möchte, der muss selbst vor Ort sein. Ja, ab in den Flieger. Die Webkontakte sind maximal erste Orientierungen. Wer verhandeln möchte, muss raus aus der Komfortzone! Du solltest dir vor Augen halten, dass geschickte Sample keinesfalls der Qualität entsprechen müssen, wie die angesehenen (unabhängig, ob vor Ort oder im Web). In der Regel sind die Samples sehr gut, aber die eigentliche Order kann massiv vom Erwarteten abweichen. Das ist ein bisschen so, als wenn du auf dem Fischmarkt bist. Obst- und Gemüsemarkt gehen auch. Hier wie da stehen die besten Kisten, mit den schönen Früchten/Fischen immer oben. Die nicht ganz so tollen sind diskret unten. Reingemischt in Kisten. Und genauso ist es bei einem Sample. Nur, weil du ein geiles Sample bekommst, bedeutet das noch lange nicht, dass die ganze Charge, die dir zugestellt wird, wenn du viel Geld bezahlst, dieselbe Qualität hat. Das wissen die Chinesen auch und deswegen sei bitte nicht so naiv und glaub, nur weil das erste einmalige Produkt gut ist, dass das der Benchmark ist für alles Weitere. Alle, die meinen, sie machen einen auf gemütliches Webbusiness: Das funktioniert leider nicht. Etwas anderes ist es, ein Qualitätsmanagement aufzubauen. Wenn du also ein Importbusiness (kein Dropshipping!) machen möchtest, dann ist das okay. Wichtig ist, dass du diesen Plan in deinen Businessplan aufnimmst. Wenn du dennoch dein Sample unbedingt per Post holen möchtest, denk an die Verzollungsformalitäten. So gilt beispielsweise bei Samples die 50-Euro-Grenze. Es ist zum Beispiel so: Wenn du eine Jacke in der Größe M, L und XL einführen möchtest, sind das in der Definition keine drei verschiedenen Modelle, sondern eins. Wenn das wirklich verschiedene Modelle sind, verschiedene Schnitte etwa und diverse Farben, gilt diese Grenze für jeweils jedes einzelne Produkt. Drei Jacken, die derart verschieden sind, können eingeführt werden. Ich möchte nochmals betonen, dein Sample ist in der Regel unbrauchbar. Das heißt, dass es sich um ein Dummy handelt! Für den Verkauf also ungeeignet. Mit anderen Worten, es ist auf jeden Fall dauerhaft unkenntlich zu machen, damit es ein Sample in der Definition und rechtskonform ist. Es ist insofern unkenntlich gemacht, dass du es zwar von der Eigenschaft her prüfen kannst, ob das qualitativ in Ordnung ist, du kannst es aber auf keinen Fall in den Handel bringen, sprich in Umlauf. Daran solltest du stets denken, wenn du Ware einführen möchtest. Es gibt eine Grundregel zum Thema Komfort. In dem Moment, in dem dein Großhändler, dein Fabrikant – egal wo, das ist auch bei deutschen Großhändlern so – für dich Ware holt und den logistischen Aufwand koordiniert, wirst du das immer bezahlen müssen. Und zwar über indirekte Pauschalen, sogenannte Handling-Fees. Das ist im Verhältnis sehr unwirtschaftlich. Also raus aus deiner Komfortzone und selbst organisieren. Dadurch lassen sich die Kosten deutlich drücken! Wenn du ein langfristiges Business machen möchtest, nimm besser heute als morgen das Zepter in die Hand! Ob du Seefracht, Luftfracht oder den Zug nutzt,

114

beeinflusst natürlich die Kosten – aber auch die Lieferzeiten. Im China-Dropshipping-Biz sind vier Wochen durchaus normal. Das ist auch ein Grund, warum ich mehr auf europäische Hersteller vertraue. Organisier den Versand selbst, sollte also nun als Lektion angekommen sein. Die Organisation ist die halbe Miete, das ist wichtig, zu begreifen. Ich konnte mir von einem sehr, sehr renommierten Produzenten ein eigenes Bild machen. Er ist einer der Hintermänner der Bekleidungsindustrie und verantwortet für sehr viele namhafte Brands, die auch du tagtäglich trägst, die Produktion. Er kennt gewiss die Kollektion des kommenden Jahres. Der gute Mann produziert wirklich Millionen von Stückzahlen – täglich! Er versicherte mir, wenn du selbst verschickst und vor Ort verhandelst, ist das garantiert der lohnendste Weg! Das bedeutet im Umkehrschluss, wenn du ein Sample online bestellst, hast du bereits verloren, bevor der Karton bei dir ankommt!

Die in China wissen das genauso. Und halt dir bitte vor Augen, dass ein geschicktes Sample noch lange nicht das Benchmark für die gesamte Charge ist. Vergleichen wir es mit einem 5-Sterne-Restaurant. Wenn es um sehr hochwertige Speisen geht, macht der Chefkoch Stichproben von der gesamten Charge. Das musst du auch machen, dann entwickelst du Routine und lässt dir Containerware schicken und nicht nur einen Artikel. Das sind Warenmuster im größeren Stil, viele verschiedene Produkte (dies ist kein Dropshipping!). Für ein solches Vorgehen brauchst du richtig viel Kapital! Das ist kein Problem, aber es muss Teil deines Businessplans werden! Das heißt für unser Sample: Ich stelle es nicht ins Regal, ich arbeite mit ihm. Mit diesem werden Videomaterial, Promomaterial erstellt, Werbespots vielleicht für Facebook Ads und Co. Dann mache ich eigene Produktfotos. Ich kopiere diese nicht. Noch einmal ganz klar formuliert: Wenn ich ein Sample habe, mache ich eigene Produktbilder und einen eigenen Text dazu. Dann – und erst dann – kann ich den Vorverkauf starten. Dabei fällt dir auf: Es gibt Konkurrenz. Beim europäischen Amazon gibt es viele Verkäufer aus Fernost! Der E-Commerce boomt und die Entwicklung, dass ein chinesischer Fabrikant in Europa Geld verdienen kann, hat sich herumgesprochen. Aus Amazon-Sicht nur logisch. Wir machen auf AliExpress nichts anderes. Inzwischen befruchten sich die Märkte gegenseitig, dies bringt Dynamik und neue Fallstricke in den Markt. Die „Kollegen" können viel preiswerter beziehen und es hier als „Händler" verkaufen. Außerdem musst du verinnerlichen, dass es außerhalb der EU kein Widerrufsrecht gibt. Auch wenn die Chinaseller auf Amazon.de und anderen Plattformen präsent sind, interessiert sie die Gesetzeslage nicht. Auch wenn du in der EU lebst, gilt in der Praxis: Gekauft ist gekauft. Ich habe, während ich diese Zeilen schreibe, genau so ein Problem. Ich habe ein tolles Hemd bei Amazon erworben. Prime zertifiziert, doch habe ich nicht bemerkt, dass es aus Fernost nach Mallorca kam. Du kannst dir vorstellen, wie stressig es war, mein Geld zu bekommen. Keine Antwort auf E-Mails, keine Reaktion nach meiner negativen Bewertung und auch ein A–Z-Antrag interessierte nicht. Solche Händler will man nicht und darum solltest du auch nicht ein solcher werden. Kundenservice ist eine Sache, die nichts mit Recht zu tun hat, doch dies haben wir bereits besprochen. Solche Wettbewerber, die es auch vermehrt in Europa gibt, treiben den Preis – ganz im Sinne von Amazon – in den Keller! Die Qualität ist gesichert, für Amazon (!) – aus Kundensicht habe ich gerade meine Sicht der Dinge berichtet – zumindest in puncto Kundenservice und Versand. Die chinesischen Händler nutzen sehr oft und gerne das FBA-Programm und sind somit Prime zertifiziert. Es gibt einen Weg, wie du als Dropshipper ohne (!) FBA ein Prime-Siegel bekommen kannst, doch dazu später mehr. Es ist so, dass wohl niemand jedes Mal das Impressum prüft, um nachzusehen, wer die Ware verkauft. Selbst mich hat es erwischt. Alles könnte so schön sein, blöd ist nur, wenn du als deutscher Händler einen Artikel für rund 7 Euro verkaufen möchtest und diesen in China für sagen wir 1,20 Euro einkaufst, ergeben sich unabdingbare Probleme in deiner Marge! Zunächst muss der Artikel aus China verschifft (oder sonst wie befördert) werden. Dann muss natürlich alles verzollt und versteuert werden. Sicherlich möchtest du mit diesem Buch dazulernen, darum schauen wir, wie es der smarte Chinese handhabt. Dieser sichert sich zunächst einen Platz in der heiß umkämpften BuyBox. Mitunter genügt es, einen Cent preiswerter zu sein. Warum kleckern, wenn man klotzen kann? Die Vertriebsprofis aus China haben es nicht so mit der deutschen Marge oder sie fahren ihre eigene preiswerte Preispolitik. Also, ein identischer Artikel, natürlich Prime, wird für gut 3 Euro verkauft, auf Amazon Deutschland. Den Endkunden freut es und er glaubt weiterhin, der Händler habe gigantische Gewinnspannen. Klar, dieser Verdacht liegt auf den ersten Blick nahe, ist „ein Wettbewerber" doch satte 4 Euro preiswerter. Dass „dieser Wettbewerber" aus China direkt kommt, ist entweder egal oder zu 99 % unbekannt. Offenbar prüfe nicht einmal ich jeden Prime-Deal. In unserem Beispiel betragen die Amazon-Gebühren etwas unter 2,87 Euro. Bleiben 20–25 Cent übrig. Von diesen wenigen Cents muss unser lieber Handelspartner aus Fernost den Artikel natürlich selbst kaufen bzw. produzieren und nach Deutschland liefern lassen. Da China gemäß dem Welt-Postvertrag als Entwicklungsland eingestuft ist, werden die Versandkosten subventioniert. Eine feine Sache, ist man nicht der doofe deutsche Händler. Auch wenn sich 2018 Änderungen ergeben sollten, ist es zum jetzigen Zeitpunkt, zu dem ich dieses Buch schreibe, genau so! Änderungen wird es immer geben, aber auch die Updates bringen kaum Chancengleichheit! Insofern ... Halten wir daher fest, unserem lieben deutschen Staat entsteht dabei doppelter Schaden. Denn unser chinesischer Händler zahlt in aller Regel keine Steuern – und da wir als deutscher Händler nicht wettbewerbsfähig sind, zahlen wir bei diesem Artikel natürlich auch keine Steuern. Amazon macht zwar weniger Umsatz, doch meiner Meinung nach ist Amazon alleinig damit geholfen, dass die Preise im Keller bleiben. Zwangsläufig werden die anderen Anbieter irgendwie mitziehen, dass diese faktisch Verluste schreiben, ist Amazon wiederum egal. Der Chinese sollte natürlich Steuern abführen, zum Beispiel die Einfuhrumsatzsteuer. Doch es gibt eine Theorie und eine Praxis. Die Frage ist, was passiert, wenn es nicht getan wird? Vermutlich halten sich die Konsequenzen sehr in Grenzen, weil es beispielsweise zwischen Deutschland und China kein Amtshilfeabkommen in Steuersachen gibt. Als Käufer ist einem dieser ganze Umstand, wie gesagt, egal. Etwas spannender wird es, wenn du als Unternehmer bei Amazon besagten Artikel aus der BuyBox kaufst, um später festzustellen, dass der nette Verkäufer keine Rechnung ausstellen kann (oder will). Unterm Strich hätte der Käufer womöglich bei einem deutschen Händler faktisch

weniger bezahlt, nicht zuletzt darum, weil die Umsatzsteuer ausweisbar gewesen wäre und ein eventueller Um-
tausch stressfreier! Zeit ist Geld, bitte nie vergessen! Die
ganze Sache hat aber auch Potenzial. Es ist klar zu sehen,
dass es einen Markt samt Nachfrage gibt. Dies gilt im
Umkehrschluss auch. Man darf als deutscher Händler
ruhig über den Tellerrand schauen und selbst in Fernost
aktiv werden. Das Schöne ist, dass dort der Markt und
die Gewinnspannen sehr lukrativ sein können. Deutsche
Qualitätsware „Made in Germany" ist hoch im Kurs –
nicht nur in China. Soweit meine Einschätzung. Klar, das
hat nicht alles den Dropshipping-Ansatz, aber die Waren
kommen aus Fernost und die Wettbewerber auch. Darum
ist es wieder ein Thema. Auch wenn du nicht importierst
und wirklich reines Dropshipping betreibst, konkurrierst
du mit diesen Händlern auf den Plattformen. Wenn du
auch noch AliExpress-Waren kopierst, ist die Wahrscheinlichkeit, einen direkten Wettbewerb aus Fernost zu
erhalten, viel höher! Als Dropshipper, der hier bei einem
Zwischenhändler kauft, hat kaum eine Chance. Zertifizie-
rungen hier, Zölle und Steuern ... du kennst die Rechnung
als Kaufmann. Dennoch möchte ich darauf hinweisen,
dass ich nicht pauschal unterschreiben würde, dass immer der Import preiswerter im Sinne von lukrativer ist.
Die Waren, die du in der EU vom Großhandel kaufen
kannst, mögen im Einstandspreis höher erscheinen, aufgrund der genannten Zuschläge. Juristisch bist du deutlich weniger in der Schussbahn, was Haftungsfragen betrifft. Außerhalb der EU haftest du für das Waren-in-den-
Verkehr-bringen. Kaufst du vom Großhändler um die
Ecke, ist das nicht direkt der Fall. Darum: Billig muss
nicht preiswert sein und Abmahnungen können sehr teuer
werden. Wenn die Gewinne satt sind, ist es leicht, ein

motivierter Dropshipper zu bleiben. Kommen jedoch schlechte Zeiten, ist es eine Kunst, motiviert zu bleiben. Schlechte Zeiten können solche margenschwachen Zeiten sein, darum verkaufe ich lieber weniger – was deutlich mehr sein kann. Qualität statt Quantität. Doch dazu später mehr. Wenn du erfolgreich sein möchtest, musst du stets in guten wie in schlechten Zeiten am Ball bleiben. Es ist nachvollziehbar, dass die meisten Trennungen in schlechten Zeiten stattfinden. Und damit meine ich nicht nur die Trennungen von Menschen. Auch von Ideen, Vorhaben, Projekten, Geschäften und von der Selbstständigkeit trennt man sich in schlechten Zeiten leichter! Darum bleib am Ball und beginn noch heute! Sammel deine Erfahrungen und verkauf die Waren, die dir gefallen und die Marge bringen. Importier deine Bestseller selbst. Bau dein Dropshipping-Business aus. Meine Sichtweise und Erfahrungen müssen keinesfalls deine widerspiegeln. Gewiss habe ich nicht die Weisheit mit Löffeln gefressen. Ich möchte nur nicht, dass du mit einer rosaroten Brille startest. Das ist alles für dieses Kapitel.

In die USA verkaufen

Viele Fragen haben mich zu dem Thema Nordamerika erreicht, einige finden hier nun Beachtung. Als ich anfing, nach Lieferanten aus Nordamerika zu suchen, machte ich folgende Beobachtung. Es gibt zum einen etliche Produkte, die in Europa noch nicht angeboten werden. Also kein Grund, sich wie verrückt auf AliExpress zu fokussieren. Auch Dropshipping war kein Problem. Ich habe bis zu dem Zeitpunkt, als ich dieses Buch anfing zu schreiben, mit über 300 Lieferanten aus den USA Kontakt gehabt. Persönlich, per Skype und per E-Mail. Außerdem habe ich mit Unternehmen gesprochen, die Gründungsdienste anbieten. Dies war nur logisch, da viele der nordamerikanischen Geschäftspartner nur mit uns ins Geschäft kommen wollten, wenn wir einen Firmensitz in den USA haben. Zudem wurde eine Steuernummer aus Nordamerika verlangt sowie eine Kreditkarte. Dies ist viel Aufwand, gerade als angehender Dropshipper. Dennoch ist der Markt großartig und der Mühe wert. Auch hier gilt, viele Wege führen nach Nordamerika, eine Möglichkeit möchte ich hier aufzeigen. Beginnen wir zunächst mit der Rechtsform des Unternehmens sowie dessen Firmenstandort. Und dies beantwortet vielleicht die nicht gestellte Frage: Ja, es bedarf meiner Meinung nach eines Firmensitzes in den USA, um dort zu verkaufen. Steuerlich macht es die Sache leichter. Die Aufwendungen für eine Gründung sind kostentechnisch mit einem EU-Unternehmen in Spanien zu vergleichen. Mit zwei Unternehmen bzw. einer entsprechenden Niederlassung kann ich also im US-Markt verkaufen und steuerlich sparen sowie die Vorzüge der EU auf der anderen Seite nutzen. Stellt man die Kosten einer deutschen

GmbH in den Vergleich, sind wir in Summe mit der Gründung etwa in Spanien und Nordamerika bei nur rund 1/3 der Kosten. Als mir das bekannt war, hat das gesessen! Sofort wird klar, wie man sich „nur" mit einer deutschen GmbH einschränkt. Sicher, wenn man finanziell nicht darüber nachdenken muss, ob die Gründung 3.000 Euro oder 25.000 Euro kostet, Stichwort Stammkapital, dann mag man dies vernachlässigen. Für Starter ist dies jedoch ein sicheres Argument. Beachte das Kapitel, in dem wir bereits über mögliche Länder gesprochen haben, wenn du bei Amazon verkaufen möchtest. Spanien und die USA kommen beide in Betracht. Steuerlich kann eine Niederlassung in den beiden Ländern sinnstiftend sein. Beginnen wir mit einer Nutzeranfrage aus meinem YouTube-Channel. „Kann und soll ich eine LLC gründen? Würdest du dem zustimmen?" Ich sage direkt: Nein. Zunächst gibt es das Problem mit der Steuer. Wenn du eine LLC in Nordamerika gründest, kann das Finanzamt in Deutschland zusätzlich anders besteuern! Wenn du zum Beispiel der Auffassung bist, dass du keine Kapitalgesellschaft sein möchtest, sagt das deutsche Finanzamt möglicherweise: Bist du doch. Und schon zahlst du viel mehr Steuern als geplant! Es gibt jedoch Abhilfe. Tut man dies nicht, zahlt man teilweise das Doppelte! Und diese Tatsache trifft immer dann zu, wenn du in Deutschland deinen Sitz behalten möchtest. Das ist zwangsläufig der Fall, wenn du in Deutschland wohnhaft bist und dies erst einmal nicht ändern möchtest. Wenn dies zutrifft, du aber „nur" in die USA verkaufen willst, fällst du in dieses Muster. Das erzählen dir die „Experten" nicht, sie sagen dir, dass du in wenigen Minuten ein Dropshipping-Business in China bzw. in Nordamerika machen kannst. Schnell reich werden – ich weiß ...! Wenn du bei Amazon.com mit oder ohne FBA bzw. generell im E-Commerce verkaufen möchtest und in Deutschland wohnhaft bist, ist eine LLC meiner Meinung nach nicht das Richtige für dein Business. In meinem Fall wäre der Sachverhalt anders, ich bin in Deutschland abgemeldet und wohne bzw. arbeite in Spanien. Für die meisten meiner Leser trifft dies nicht zu, daher dieses Beispiel. Halten wir also fest: Eine LCC ist nicht das Richtige, wenn du nicht auswandern möchtest oder wenn du in Germany deinen Sitz nicht abmelden möchtest.

Welche Alternative gibt es? Es gibt eine Corporation. Das ist im Prinzip eine Aktiengesellschaft. In den USA kann eine Aktiengesellschaft für eine Handvoll Euro gegründet werden – in Deutschland bedarf es hierfür 50.000 Euro an Stammkapital. Allerdings geht dies nicht in jedem Bundesstaat, da nicht alles einheitlich geregelt ist und es spezifische Bedingungen für die Gründung gibt. In Deutschland gibt es die Mehrwertsteuer von 19 % und bei Lebensmitteln oder Büchern von 7 %. Ich kann im Rahmen dieses Buches nicht ansatzweise alle Eventualitäten abbilden, eine individuelle Strategie ist in den USA unbedingt vonnöten. Eine Gründung in Florida, Delaware, Oregon, Nevada oder Wyoming könnte sinnvoll erscheinen. Dort könntest du meiner Auffassung nach etwas für dein Geld bekommen. Ich möchte dir ein Beispiel anhand von Florida geben. Wir Gründer unterstützen dort konkret bei einer anstehenden Firmengründung – jenseits von Spanien. Einer der Gründe dafür ist die Nichtanforderung von Mindestkapital für eine Gründung in Florida. So kannst du eine Aktiengesellschaft für ein paar Euro gründen. Du hast ferner die Möglichkeit, das als Einzelperson aufzuziehen. In Deutschland ist das undenkbar, vom benötigten Budget ganz abgesehen. Und so eine Aktengesellschaft macht schon Eindruck, nicht wahr? Im Prinzip hat eine AG drei Organe, die du allein verkörperst, wenn du als Einzelperson startest. Es gibt einen sogenannten Board of Director. Das ist jemand, der die grundlegenden Entscheidungen trifft. Wenn deine Firma größer wird, kannst du jemanden dafür einstellen. Diese Person ist für das Grundlegende, für alles Strategische verantwortlich. Der Executive Officer managet das Daily Business. Er kennt mehr die Details und koordiniert das Tagesgeschäft, kümmert sich um Personalplanungen und Tagesentscheidungen. In den Shareholder Meetings, die Aktionärstreffen innerhalb der AG, ist es üblich, dass je nach Anteilen andere mitentscheiden bzw. über ihre Anteile informiert werden wollen. Wenn du alles allein machst, ist das eine reine Formalität. Also: Standort für dein Unternehmen Florida, Rechtsform eine Corporation und diese Vorteile genießen.

Zum Thema Warenlager von Amazon: Die gibt es ähnlich wie in Deutschland nur an bestimmten Standorten. Möglicherweise nicht dort, wo du sie steuerlich haben möchtest. Amazon ist allerdings sehr strategisch-smart. Im Grunde kannst du immer dort, wo Amazon ein Lager hat, deine neue Firma ansiedeln. Amazon möchte auch immer weiter optimieren, da kannst du eine Menge lernen und übernehmen. Und siehe da, Florida gehört mit mehreren Lagern dazu. Der Proof wäre also erbracht!

Eine LLC oder Corporation braucht natürlich ein Bankkonto. Ich kann nicht pauschal eine Bank empfehlen. Wir sind bei der Bank of America. Das heißt nicht, dass das die beste, die tollste etc. ist. Das sind strategische Entscheidungen, die uns in unseren Firmengründungen meistens bewegen. Du musst irgendeine Arbeitsroutine haben. Das ist genauso, als würde ich sagen: „Warum nimmst du jenen Weg zur Arbeit? Es gibt auch andere." Aber womöglich hat diese Route eine supermoderne Beleuchtung, weniger Baustellen. Die Bank of America ist auf jeden Fall eine denkbare Möglichkeit.

Die Versteuerung ist auch ein Thema. Im Normalfall zahlst du nur in einem Land Steuern. Wenn du eine spanische SL gründest, versteuerst du in Spanien; mit einer Niederlassung in Deutschland versteuerst du in Deutschland – also nicht in Deutschland *und* in Spanien oder in den USA *und* in Deutschland. Nur in einem Land! Darum erinner dich an den Anfang dieses Kapitels, wo eine LLC (zur Erinnerung: Limited Liability Company ist eine Rechtsform von Unternehmen in den USA, die gegebenenfalls und je nach Bundesstaat der Vereinigten Staaten sowohl einer Corporation als auch einem Partnership ähnlich sein kann) schnell von den deutschen Behörden suboptimal eingestuft wurde.

Ein weiterer wichtiger Punkt ist die Rechtssicherheit. Du kannst beispielsweise amerikanische Rechtstexte für die AGB (eigener Online-Shop oder Amazon) für ab 20 Euro von der IT-Rechtskanzlei in München beziehen. Dabei handelt es sich nicht um einfache Übersetzungen – es ist falsch, einfach deutsche Texte zu übersetzen – die Rechtstexte der IT-Kanzlei sind auf den nordamerikanischen Markt angepasst. Das ist eine sehr wichtige Tatsache! Unsere Rechtsabteilung gibt noch diesen relevanten Hinweis für Amazon USA. In nordamerikanischen Amazon-Präsenzen ist es teilweise nicht ohne Weiteres möglich, die AGB anzupassen. Das heißt, du musst immer prüfen, welchen Account du eröffnet hast und ob du die Anpassungen rechtskonform einfügen kannst! Dies ist in der Praxis offenbar nicht selbstverständlich. Egal, wie diszipliniert du arbeitest, du weißt nie, wie sich eine Firma entwickelt. Also hafte bitte nie mit deinem Privatvermögen! Es ist wirklich völlig unnötig. Falls dir das jemand empfiehlt (Stichwort E.K Gründung): Ich glaube, der hat keine Ahnung. Es mag sein, wenn du irgendwo ein paar Wände anstreichst oder einen Fußboden verlegst, dass das genügt. Im Prinzip ist das okay. Du kaufst Material, machst deinen Job und gehst wieder. Aber im Internet ist das wirklich ein anderer Fall. Es wirkt auch professioneller, wenn du an einen Lieferanten herantrittst. Das ist bei einer deutschen UG nicht ganz so. Aber zumindest vielleicht mal später, wenn es eine „echte GmbH" wird. Abschließend noch einmal der Hinweis: Ob der Firmensitz in Florida oder Delaware liegt – wichtig ist, dass du auf dem Papier in den USA ansässig bist. Sprich: Wohnsitz gerne in Deutschland, aber nicht dein Unternehmen. Viele Lieferanten liefern nicht, wenn du keinen Firmensitz in den USA hast. Das gilt ebenso für die Kreditkarte. Eine Kreditkarte aus Deutschland ist nicht zwingend anerkannt oder gültig. Aus über 300 Gesprächen weiß ich, was benötigt wird. Wer mir nicht glaubt, kann gerne den Selbsttest antreten!

Und ja, die USA sind bekannt für Superlative; man denke an Katzen in der Waschmaschine bzw. Mikrowelle oder jene Storys aus den Medien, mit dem Nagel im Burger. Und dann, schwupps ... zig Hunderttausende oder gar Millionen in monströsem Ausmaß! Etwas Planung ist gewiss unabdingbar, aber Angst ist ein schlechter Ratgeber! Es nicht zu tun, es nicht zu wagen, wird dich in deiner Möglichkeit, zu wachsen und finanzielle Freiheit zu erlangen, massiv einschränken! Als Dropshipper hast du das Privileg, ortsungebunden zu arbeiten. Nutz diese Möglichkeit, verwirkliche deine Träume! Und darum handel weltweit, taste dich voran! Informationen und eine solide Beratung sind wichtig, spar daher nicht an dieser Stelle. Ich bin mir sicher, dir ist diese Notwendigkeit bewusst, sonst hättest du nicht zu diesem Buch gegriffen und bis zu dieser Stelle gelesen! Eine tolle Entscheidung!

Ich empfehle dir auch, die sogenannten „Safety Policies" zu verinnerlichen. Diese kommen immer dann zum Tragen, wenn es um Kinderzubehör geht. Man denke an Kinderautositze oder Babyspielzeug, verschluckbare Kleinteile etc.

Bau besser heute als morgen deine eigene Firma auf. Wenn du das Geld für eine US-Expansion momentan nicht hast, nicht schlimm. Bleib in Europa. Es gibt auch hier ein großes Potenzial. Arbeite dich hoch, wichtig ist, dass du beginnst! Mach keine falschen Kompromisse, denn das Lehrgeld ist es nicht wert!

Produktpräsentation und Testimonials

Fotos sind maßgeblich im gesamten E-Commerce – nicht nur beim Dropshipping. Fotos sagen nicht nur mehr als 1.000 Worte, sondern sie entscheiden über deinen Umsatz. Ich bin immer wieder verwundert, warum viele Verkäufer ihren Fotos so wenig Beachtung schenken. Viel zu klein, hoch verpixelt oder lieblos in eine Ansicht gesetzt. Das mag bei preiswerten Artikeln funktionieren. Doch jeder, der einmal teure Artikel im Netz gekauft hat, versteht, was ich meine. Wenn ich mir beispielsweise eine Uhr für einige Tausend Euro ansehe, möchte ich wissen, wie diese von allen Seiten aussieht. Ich erwarte, dass ich in Fotos hineinzoomen kann. 360-Grad-Fotos sind daher kein Nice-to-have, sondern in einem solchen Preissegment das Mindeste. Jeder, der Schmuck verkaufen möchte, muss Geld für die notwendige Präsentation einplanen. Auf Plattformen wie Amazon kommt hinzu, dass Fotos einen weißen Hintergrund benötigen. Dies wird freigestellter Hintergrund genannt.

Als ich die Vorbereitungen für unser Dropship machte, schaute ich mir viele Kreuzfahrtschiffe im Internet an. Da ich zuvor noch nie auf einem solchen war, mussten erst klassische Fotos herhalten. Nur so konnte ich eine Entscheidung treffen, die ich später nicht bereuen würde. Meine Wahl fiel gut aus, das kannst du dir in den zahlreichen Videos zum Thema Dropship auf YouTube auf unserem Kanal bzw. direkt auf unserer Website ansehen. Darum musst du verstehen, es ist egal, welche Fotos dir dein Lieferant zur Verfügung stellt und es ist egal, ob er dies überhaupt tut. Es ist deine Pflicht, maximal gute Fotografien zu liefern. Ich sehe das selbst. Als ich bei YouTube anfing, waren meine Videos qualitativ deutlich schlechter. Sie waren verwackelt und hatten gewiss keinen guten Ton. Doch ich konnte es mir leisten, weil mein Webshop von der ersten Minute an die Käufer überzeugt hatte! Meine Videos waren anfänglich nur Fun, ich hatte niemals die Absicht, damit Geld zu verdienen. Mir war egal, wie ich vor der Kamera stand. Direkt nach dem Aufstehen, klar. T-Shirt und Jogginghose, klar. Bei uns im Pool auf einem Einhorn, klar! All dies blieb in Erinnerung, wie heute Hunderte von Kommentaren, Shares und Likes beweisen. Aber ich vermittelte Wissen. Du hingegen machst deinen Shop nicht zum Spaß. Du willst, nein, du musst Geld verdienen. Dies ist der Unterschied. Natürlich musste ich auch meine Qualität steigern. Vom anfänglichen Handyfilm ging es zum ersten Camcorder mit separatem Mikrofon. Nach gut einem dreiviertel Jahr investierte ich in weitere Mikrofone und in eine EOS-Spiegelreflexkamera von Canon. Seither habe ich keine Beschwerden mehr bekommen über die Ton- oder Bildqualität. Meine Aussagen waren dieselben, ich stand und stehe für fachliche Qualität! Diesen Ruf, ein solches Image, musst du dir aufbauen mit deinem Shop! Erinnerst du dich noch an das Kapitel, in dem wir Warensample aus China geholt haben? Auf meinem YouTube-Kanal habe ich ein Video, in dem ich dir sage: „Dreh ein Video – mach Produktfotos!" Genau hier schließt sich der Kreis. Egal, ob du Import machst oder reines EU-Dropshipping, die Fotos müssen qualitativ top sein. Beginn mit deinem Smartphone und einer sogenannten Softbox. Diese gibt es für wenig Geld bei eBay, Amazon und Co. Wenn dein Business skaliert, investier so wie ich nach und nach in eine bessere Ausrüstung. Bedenke, ob es sinnvoll wäre, wenn du diese Ausgaben in deinem Businessplan verankerst. Eine solide Kamera, so wie ich sie aktuell nutze, samt Kameratasche, Ersatz-Akkus, Licht-Set und Objektiven liegt bei rund 3.000 Euro. Hier gibt es gewiss nach oben und nach unten keine Grenzen. Es ist lediglich ein Richtwert, in dem ich mich derzeit bewege. Wenn du mit Import-Tools wie Oberlo und Co. arbeitest, kopierst du von AliExpress mittels Copy und Paste. Du musst dir klar darüber sein, dass du in diesem Fall keine Benutzerrechte hast. Dies ist unprofessionell und stellt ein Urheberrechtsverstoß dar.

Bei einem solch heiklen Thema wie Fotos solltest du immer klären – mit jedem Lieferanten einzeln – was du nutzen darfst. Fotos, Texte – halt alles schriftlich fest! Es erspart dir viel Geld und Zeit!

Du kannst davon ausgehen, dass jeder Hersteller, der Dropshipping anbietet, Produktfotos zur Verfügung stellt. Ab und an müssen für die Nutzung monatliche oder einmalige Lizenzkosten bezahlt werden. Das ist nicht unüblich und kann für hochwertige Fotos samt Texten um Längen preiswerter sein, als alles selbst zu texten. Es gibt einen Unterschied zwischen Hersteller und Großhändler. In aller Regel stellen die Großhändler nicht zwingend Fotos zur Verfügung. Der Hersteller schon. Die Fotos müssen, wie erwähnt, freigestellt sein und bei Amazon ist es eine Notwendigkeit! Das erste Foto bei Amazon für die Übersichtsseite, Preissuchmaschinen etc. muss immer einen weißen Hintergrund haben. Ich kann nur empfehlen, dies aufgrund der Professionalität überall beizubehalten. Die Folgebilder können gerne Action-Motive sein, das wirkt lebendiger und zeigt den Artikel live. Auch ein Video kann extrem verkaufsfördernd wirken. Wenn du ein Foto freistellen möchtest, solltest du dies auf hochwertige Weise tun. Bedenke, dass Hersteller nicht immer den besten Grafiker im Unternehmen haben. Es ist sinnvoll, die Fotos selbst nachzubearbeiten bzw. dies machen zu lassen. Ein Onlineservice, der dies für kleines Geld realisiert, ist „freistellen.de". Fotos, die vom Hersteller kommen, müssen für Amazon frei von Wasserzeichen sein, außerdem dürfen keinerlei Beschreibungen auf dem Foto stehen. Clevere Verkäufer weisen auf dem Foto auf den Shop hin, das wirkt unprofessionell und verstößt zudem gegen die Richtlinien, darum keine Spielereien. Auch als Kunde, der, um beim Beispiel zu bleiben, eine Uhr kaufen oder eine Kreuzfahrt buchen möchte, ist nur abgelenkt von Texturen im Foto. Ein Klassiker sind Datumsmarker. Es wirkt ebenfalls ein bisschen unsexy, wenn du ein Produkt hast, das es vielleicht schon seit drei Jahren gibt, eventuell ist es ein Bestseller, aber die potenziellen Käufer bekommen mehr oder weniger plakativ vor Augen geführt, dass das Foto (und somit das Produkt) bereits drei Jahre alt ist. Für dich ist es ein Bestseller, für den Kunden in der Wahrnehmung ein Ladenhüter! Falls es doch ein Ladenhüter ist, solltest du unbedingt neue Fotos machen, damit das gute Stück einen neuen Besitzer finden kann!

Denk bitte bei allem Komfort pragmatisch. Das Kopieren vorhandener Bilder ist natürlich bequemer und schneller, als die Fotos selbst zu machen und zu bearbeiten. Aber nur, falls ein „Hineinkopieren" vertraglich festgelegt ist, bist du rechtlich auf der sicheren Seite. Im eigenen Shop mag es jedoch aus Suchmaschinensicht, SEO-technisch, nicht immer von Vorteil sein, diesen bequemen Weg einzuschlagen. Duplicate Content ist dafür der Fachterminus. Google mag es nicht besonders, wenn überall derselbe Text steht, also bei dir und deinen Mitbewerbern. Folglich solltest du deine Bestseller auf jeden Fall optimieren, um dir einen Wettbewerbsvorteil zu sichern.

Fake-Bewertungen gibt es nicht nur für Produkte oder für Verkäufer, auch die Testimonials werden gerne frei erfunden. Plagiatserkennung ist 2018 leichter denn je und dein Kunde wird schlauer. Dennoch kommt es immer wieder vor, dass Fotos kopiert werden und – verdammt dreist –Menschen aus Shutterstock und Co. als Testimonials herhalten müssen. Solche Stockfotos werden verwendet, um glückliche Kunden zu suggerieren. Datenbanken gibt es etliche, doch rechtlich sind solche Fotos nicht sauber – wenn du sie für solche Verwendungszwecke verwendest, auch wenn eine Quellenangabe vorliegt. Es fällt unter Betrug, wenn du einfach einen Namen unter das Foto setzt nach dem Motto: „Unser glücklicher Kunde, Herr Müller-Meier aus München, empfiehlt uns gerne weiter!"! Es gibt tatsächlich noch 2018 Kunden, die sich von so etwas irreführen lassen. Ein Blick in die Medien zeigt, dass es Shopbetreiber gibt, die das bewusst so anwenden. Ich möchte an dieser Stelle keine Namen nennen, aber der Sachverhalt ist klar. Besagte Firma hat nach eigenen Angaben Luxushandtaschen angeboten. Es gibt offenbar viele andere Shopbetreiber, die das leider immer noch genauso handhaben. Da wird auch ein Ansprechpartner (potenzieller Mitarbeiter) als Stockfoto dargestellt. Firmengebäude und Büros werden derart gefälscht. Das ist so schlecht, aber weit verbreitet. Wenn im obligatorischen „Über uns"-Bereich" nichts Besseres präsentiert wird, würde ich in einem solchen Shop nichts einkaufen. Menschen wollen wissen, was und von wem sie kaufen. Darum ist es wichtig, dass man sich zu erkennen gibt. Man muss kein Model sein, auch ich bin das nicht, aber man kann sich doch zeigen. Bei Facebook fällt die Hemmschwelle ja auch, aber im eigenen Shop nimmt man Stockfotos – echt jetzt? PS: Man kann Büroadressen bei Regus und Co. auch mieten. Das können wenige Stunden sein und schon hat man professionelle Fotos.

Abschließend ein Hinweis in eigener Sache: Wir haben seit diesem Jahr unser CSV-Tool entwickelt. Es gibt aktuell noch keinen wohlklingenden Namen, aber die Ergebnisse sprechen bereits für sich. Wenn du also einen Lieferanten findest, der keine Produktfotos (oder csv-Datei) hat, dir aber die Rechte grundsätzlich einräumen würde, kommt hier die Lösung. Alles, was du neben den Rechten benötigst, ist eine normale Preisliste. Diese sollte den EAN-Code, diese meist 13-stellige Nummer, auch Barcode oder neuerdings GTIN genannt, enthalten. Unser Tool findet alle Produktmerkmale inkl. Beschreibung und Fotos und trägt diese kompatibel für deinen Shop zusammen. Unter expertise.rocks auf unserer Website findest du im Menü einen entsprechenden Hinweis. Informier dich über die Möglichkeit und spar dir etliche Stunden manueller Arbeit. Die Datei, die das Programm erstellt, kann problemlos in jedes Shopsystem eingespielt werden und von dort aus an Amazon und Co. für das Listen übertragen werden.

Dropshipping-Lieferanten finden

Einen Lieferanten zu finden, bereitet vielen Kopfschmerzen, dabei wird offenbar das Naheliegende übersehen. Am Ende des Kapitels steht eine kleine Liste mit Tipps, die du bedenken solltest, wenn du einen neuen Lieferanten in Betracht ziehst. Direkt vorweg: Die ersten Google-Treffer solltest du nicht nutzen. Diese Lieferanten sind in aller Regel auch deinem Wettbewerb bekannt. Satte Gewinne sind hier kaum zu realisieren. Ich bemerke in den Gesprächen immer wieder, dass viele Neueinsteiger ins Dropship-Business sich bei der Lieferantensuche komisch anstellen, komisch im Sinne von sehr kompliziert. Ich werde teilweise gefragt: „Fabian, muss ich wirklich mit dem Lieferanten sprechen?" Ja natürlich, was willst du sonst machen? Es ist nicht damit getan, von AliExpress aus China irgendetwas zu kopieren. Das haben wir besprochen und hoffentlich deinerseits verinnerlicht. Ich habe mir noch nie die Frage gestellt, wie ich an die Lieferanten komme. Natürlich, indem ich mit ihnen spreche, eine E-Mail schreibe, auf Messen gehe, also den Kontakt suche. Ich sage dann beispielsweise: „Ich mache das und das. Ich würde gerne mit Ihnen zusammenarbeiten." Für mich ist das schon immer selbstverständlich gewesen. Wenn du mit einem Lieferanten arbeiten willst, musst du diesen natürlich direkt ansprechen. Du brauchst nicht direkt nach Dropshipping-Lieferanten zu suchen. Das ist genau der Kardinalfehler. Denn was ist Dropshipping? Dropshipping ist lediglich eine Art der Lagerung des Versandes. Dropshipping gab es schon immer für sperrige Produkte, schon immer für den Fachhandel. Es ist keine Shoppingdefinition by AliExpress und keine neumodische Erfindung. Auch wenn es dank Facebook Ads angeblich so leicht ist und irgendwie es jeder tut. Aber keiner eine Ahnung hat, was die rechtlichen Bestimmungen sind und was in den AGB gesagt werden muss. Wie sonst ist zu erklären, dass ich gefragt werde: „Fabian, echt, ich brauche AGB?" – Lieber Mensch, verdammt ja! Worauf ich hinaus will: Keep it simple. Du bist im Prinzip nur ein Handelsvertreter. Du repräsentierst eine Firma, deswegen hast du professionelle Unterlagen zu machen und du musst mit den Leuten in einen Dialog gehen. Und ich empfehle dir, geh in den Dialog, insbesondere mit den Lieferanten, die nicht nach Dropshipping schreien. Das kann eine Nische sein, die irgendein klassischer Dropshipper noch nicht besetzt hat. Das bedeutet, geh zu den kleinen Unternehmen, die es teilweise schon in deinem Ort oder in deiner Stadt seit Jahrzehnten gibt. Das sind sehr viele Traditionsunternehmen. Das kann der Bauer sein, der sein frisches Obst und Gemüse verkauft. Das kann das Weingut sein, das hier bei dir im Ort ist. Oder eine Schreinerei und ein Malerbetrieb. Ich möchte damit nur sagen, diese ganzen klassischen Einzelhändler oder Selbstständige – das ist potenzielles Dropshipping. Du musst mit den Leuten sprechen und ihnen sagen, dass du ihr Produkt vermarkten möchtest. Dass du es digital vermarkten möchtest. Du kannst mal den Paragrafen 48 suchen, freier Handelsvertreter. Ein freier Handelsvertreter, ja, so simpel! Das ist kein altmodischer Staubsaugervertreter mehr, der von Tür zu Tür geht.

Solche Repräsentanten werden händeringend gesucht. Gewiss, es gibt viele unseriöse Angebote. Aber generell ist es sehr spannend, zu sagen, „Ja, ich bin ein Handelsvertreter. Ich repräsentiere im Handel eine Marke und deswegen kannst du bei diesen Angeboten gezielt suchen. Ich möchte Ihr Handelsvertreter sein." Denn was ist ein Handelsvertreter? Der wird auf Provision im Erfolgsfall bezahlt. Was ist Dropshipping? Du hast ein Produkt und du hast eine Marge. Und du wirst im Erfolgsfall (= Verkauf) diese Marge verdienen. Das ist nichts anderes. Im Prinzip ein neues Wort für Handelsvertreter. Und deswegen ist es egal, ob du Handelsvertreter oder Dropshipper bist. Such dir Lieferanten, gern auch Nischen. Und sei der Erste, der Dropshipping mit diesen Produkten macht. Du musst erkennen, dass Dropshipping nur eine Art des Versandes ist. Es bedeutet nur, dass du die Ware nicht selbst lagerst, also tritt an die klassischen Einzelhändler in deinem Ort heran. Du wirst die Ware verkaufen. Du wirst deine Kunden ebenso beraten wie jeder andere Vertrieb. Du wirst die Bestellungen abwickeln. Also genauso wie schon vor 50 Jahren der Staubsauger- oder Teppichvertreter an deiner Tür. Das machst du jetzt eben auf Amazon, auf Zalando, auf Walmart, auf eBay oder im eigenen Shop. Das bedeutet, du bist der moderne Handelsvertreter, der sich Dropshipper nennt. Leg den Lieferanten eine Vertriebsstrategie vor. Es gibt nahezu niemanden, der dich nicht beliefern wird. Ich kenne Leute, die hätten ganze Omnibusse, richtige Reisebusse auf Dropshipping-Basis vermittelt. Es spielt keine Rolle. Man kann nicht nur Hundefutter per Dropshipping verkaufen oder irgendwelche Artikel aus AliExpress kopieren. Das ist nicht die Definition von Dropshipping. Dropshipping ist E-Commerce. Das ist Handel. Und als Einzelhändler hast du den Dialog zu dem potenziellen Partner zu suchen. Erklär ihnen dein Geschäft – dein virtuelles Geschäft, warum er mit dir arbeiten sollte. Verhandel individuell, welche Marge du erwartest. Erklär die Reichweite, die du über die Portale aufbaust. Vielleicht über Pressemeldungen. Meinetwegen über Facebook Ads. Erzähl deine Marketingstrategie, deinen Einfluss. Und das wirst du in der Verhandlung nutzen, um individuelle Retourenlösungen zu erarbeiten oder eine individuelle Rabattpreisliste zu erhalten. Erzähl den Leuten, was du vorhast. Wenn du das nicht tust, brauchst du dich nicht zu wundern, warum du bei BigBuy oder irgendeinem Massenhändler, dessen CSV-Lagerbestandsdatei schon 10.000 andere Dropshipper auflistet, nur noch zehn Cent am Artikel verdienst. Dropshipping ist scheiße. Dropshipping ist nicht scheiße, die Herangehensweise ist scheiße. Entschuldige, ich muss das einmal so formulieren. Und deswegen denk bitte über meine Worte nach. Vielleicht bist auch du bislang etwas zu bequem an die Sache herangegangen. Und deswegen noch einmal, wenn du im Handel Fuß fassen willst, dann erwarte ich als dein virtueller Mentor von dir, dass du die notwendige Disziplin hast, deine Wunschhersteller anzugehen. Ihnen zu erzählen von deinem Konzept – du hast ja einen Businessplan! Verpack in deiner Anfrage Fragen, um sicherzustellen, dass alles wie geplant verläuft und du ein skalierbares Business aufbauen kannst. Es folgen einige Punkte, die dein neuer Handelspartner im Idealfall mitbringen sollte.

✓ Dein Lieferant ist in der EU, somit vermeiden wir unnötige Haftungsstricke und Einfuhrzölle.
✓ Es gibt eine Preisliste mit EAN/Barcode.
✓ Es gibt eine csv-Datei, in der Lagerbestände sowie alle Artikelattribute wie Fotos und Beschreibungen enthalten sind.

- ✓ Die Lagerbestände bzw. die csv-Datei wird mehrfach am Tag aktualisiert (ideal ist 6–8 x oder mehr).
- ✓ Die Lieferzeiten sind bekannt und bei einem Standardsortiment 3–5 Tage maximal.
- ✓ Dein Lieferant kann deinen Lieferschein verwenden, damit du neutral versenden kannst. Nur dann besteht die Möglichkeit, dass dein Retourenschein beigefügt werden kann (wir haben bereits über Retourenlösungen gesprochen).
- ✓ Prüf die Versandkosten, um vernünftig kalkulieren zu können.
- ✓ Die Zahlungsarten sind verhandelt. Gut sind automatische Zahlungen wie die SEPA-Lastschrift. Rechnungskauf ist wunderbar, in der Praxis aber kaum machbar von Beginn an.
- ✓ Kulanz-Regelung im Reklamationsfall.
- ✓ In welche Länder liefert dein Lieferant und zu welchen Konditionen?

Wenn du außerhalb von Google nach Lieferanten suchst, sind Messen meiner Meinung nach das Beste. Es gibt zwei Möglichkeiten. Du kannst tatsächlich auf eine Veranstaltung gehen. Wir begleiten dich, eine aktuelle Übersicht findest du auf unserer Website unter expertise.rocks im entsprechenden Menü. Wenn du keine Zeit oder Lust hast, kannst du auf die Website der jeweiligen Messe gehen. Dort suchst du nach dem Ausstellerverzeichnis. Sende im Anschluss eine E-Mail an jene Aussteller, die dir gefallen könnten, und bitte um eine Preisliste. Achtung, jetzt kommt der Griff in die Trickkiste. Du schreibst, dass du dich für das tolle Gespräch vor Ort bedankst. Auf einer solchen Messe führen die Aussteller

Hunderte Gespräche. Die Wahrscheinlichkeit, dass er sich an jeden Gesprächspartner erinnert, ist extrem gering. Und die Blöße, sich offenkundig an dich nicht zu erinnern, wenn doch das Gespräch so anregend war, gibt sich niemand. Darum ist davon auszugehen, dass du sogar 10–20 % Messerabatt mitnehmen kannst und in diesem Zuge sogar Lieferantenzusagen schneller bekommst. Kehr die Treppe immer von oben! Änder deine Vorgehensweise und tu nicht das, was jeder tut. Erinner dich an das Kapitel und die geänderten Telefonzeiten. Schon war der Entscheidungsträger persönlich am Telefon. Wir müssen oftmals nur den richtigen Blick entwickeln und Türen öffnen sich. Nimm dir daher diesen Ratschlag nicht nur zu Herzen, sondern greif zu. Mach etwas daraus! Ich habe viele wertvolle Lieferanten auf der ganzen Welt mit dieser Strategie gewonnen. Gerade für Lieferanten aus dem Ausland, etwa in den USA, kann dir so etwas nützlich in die Hände spielen. Bedenke nur, wie viel Zeit und somit (Reise-)Geld du sparst!

Warum ein Mentor kein Investor ist!

Das Thema Streckenversand ist mit sehr vielen Mythen und Halbwahrheiten belegt. Ich habe begonnen, meine Acadamy an den Start zu bringen, um einfach mal Schritt für Schritt zu erklären, wie ein skaliertes und nachhaltiges Business im Dropshipping aussehen kann. Die Resonanz war überwältigend und aufgrund dessen kam das Thema Elite-Dropshipping auf den Plan. Ein schlüsselfertiges Konzept, in dem ich jedem mehrere Zehntausende Artikel individuell im Shop und auf Plattformen einstelle. Sofort verkaufsbereit! Aber viel wichtiger, ich besorge auch die notwendigen Vertriebsbescheinigungen und ich biete zusammen mit Jasmin ein dreimonatiges Mentoring an. Dies ist kostenfrei an sieben Tagen die Woche nutzbar. Das Ziel ist, dass ich helfen kann, dein Dropshipping-Business zu skalieren und auszubauen. Das war der Grundgedanke für das Elite-Mentoring. Nach diesen drei Monaten kann die ergänzende Verlängerung genutzt werden. Ein großer Relaunch gab es zu meinem Geburtstag am 18.02.2018. Ich habe dank Klick-Tipp maximalen Mehrwert kreiert. Punktgenaue E-Mails mit Handlungsaufforderungen, die auf die Reaktionen der Elite-Nutzer antworten und sich somit ein hochindividueller To-do-Plan entwickelt. Natürlich gibt es unsere Elite-Jahrestreffen, Webinare und die persönlichen Gespräche. Das alles war nur ein weiterer Schritt in eine professionelle Richtung. Immer mit dem Wunsch verbunden, noch mehr Wissen in strukturierter Weise vermitteln zu können. Als ich bemerkte, dass mir wirklich viele aus unserer Community schrieben, wusste ich, dieses Mentoring muss es für jeden geben, der nicht in unserer Elite ist. Die Gemeinde verlangte nach einem Dropshipping-

Mentor aus dem deutschsprachigen Raum. Ich habe mir die Frage gestellt, wie das bei mir war. Und ich muss zugeben, ich hatte zeitweise ebenso meinen Mentor. Viele denken an Larry Lui, er hat wirklich Wundervolles im Bereich Dropshipping vollbracht. Auch er hatte einen Mentor und die Geschichte der Bezahlbarkeit eines solchen ähnelt der Meinigen. Heute ist Larry nicht mehr alleinig im Dropship-Biz, er verdient seinen eigenen Facebook-Postings nach sein Geld unter anderem mit Mining. Man denke an Kryptowährungen, Bitcoins und Co. Dennoch gibt es dieses Video von ihm, in dem er seine Geschichte in einem Interview erzählt. Er spricht von circa 12.000 Euro, die er habe zahlen sollen für seinen Mentor. Und er hat zugegeben, dass er die benötigte Kohle gar nicht hatte! Das ist wichtig, auch er stand an dem Punkt, an dem ich stand und womöglich du gerade bist! Der Unterschied ist, dass weder er noch ich uns von diesem Punkt abhalten ließen! Denk an meine Worte, dass gerade die Menschen, die die Hilfe am dringendsten benötigen, nicht bereit sind, auch nur eine minimale Unwegsamkeit auf ihrem Weg zum Erfolg in Kauf zu nehmen! „Ich habe im Moment kein Geld, wenn ich es später habe, dann buche ich Ihr volles Programm. Hand drauf. Versprochen." Mach dir nichts vor! Das ist Selbstbetrug. Was du heute säst, wirst du morgen ernten. Wenn du heute nichts änderst, nicht den ersten Schritt tust, wird es morgen nicht anders sein! Dabei fällt mir auf, dass arme Menschen vermehrt Lotto spielen und Glücksspiel betreiben. Sie möchten sprichwörtlich alles auf eine Karte setzen. Sie glauben, dass andere für ihren Erfolg bzw. Misserfolg verantwortlich sind. Darum warten sie auf diesen einen Tag, an dem sie etwas erben werden. An diesem Tag, an dem der Geldsack prall gefüllt in den

Schoß fällt. Leider wird oftmals dieser Tag niemals kommen! Spiel kein Glücksspiel, wenn es um deinen Erfolg geht, sondern gestalte ihn proaktiv! Mach dir bewusst, dass es Zeit ist, die du niemals wiederbekommen wirst. Das meiste Wissen ist kostenlos zu bekommen, gewiss trage ich auf YouTube und durch meine Podcasts und Bücher ebenso wie in den Veranstaltungen, bei denen ich als Speaker auf der Bühne stehe, dazu bei. Oft ist das Naheliegende unbekannt. Darum solltest du Geld für einen Mentor zusammentragen, um dir nicht nur Expertise, sondern auch einen Zeitvorteil zu sichern. Sind wir ehrlich, wenn du dir sagst: „Ich betreibe Dropshipping nebenher" – wie diszipliniert bist du? Hast du die Kraft, am Abend, wenn du von der Arbeit ausgelaugt bist, noch neuen Lernstoff zu pauken? Möchten nicht deine Frau und die Kinder Aufmerksamkeit von dir? Was ist mit dem Kegelverein und den ehrenamtlichen Verpflichtungen am Sonntag? Das Grillfest und die Einweihungsparty und nicht zu vergessen die Geburtstage, die nun bald wieder anstehen. Als Mentor sind wir nicht deine Investoren, aber auch niemand, der sein Geld damit verdient, den Himmel rosarot zu färben! Gestehen wir uns dies kurz ein!

Mein Mentor damals, ein sehr erfahrener Manager, hat mir sämtliche Türen geöffnet, aber bis es soweit war, hat er gesagt: „Fabian, du bist ein cleveres Kerlchen, ich will von dir 10.000 Euro zzgl. Steuer." Also tatsächlich 12.000 Euro, wie es bei Larry war. Das war für mich eine brutal hohe Überwindung, aber ich habe sofort gewusst, ich muss mit diesem Manager zusammenarbeiten, denn er kann mein Business skalieren. Im Leben wirst du lernen müssen, auf viele Chancen zu verzichten, damit du dann zugreifen kannst, wenn es wirklich wichtig ist. Diese Begegnung war ein solcher Fall. Wenn du also deinen Mentor gefunden hast, wenn auch du wirklich ein gutes Gefühl hast, dann – und nur dann – musst du zugreifen! Ich möchte dir das kurz erklären, denn wenn du dies verinnerlicht hast, werde ich dir den Unterschied zwischen Investoren und Mentoren wie mir aufzeigen. Womöglich sagt dir der Begriff Käser-Training etwas, dies ist nicht zu verwechseln mit einem Kieser-Training. Dabei geht es weniger um einen gesunden Rücken als um einen gesunden Geist. Du kannst dich darauf sensibilisieren, sämtlichen Unrat an dir vorbeiziehen zu lassen. Ich meine damit all die Menschen, die als Mentor nicht in Betracht kommen. All die Schnell-Reichwerden-Systeme und diese Lotterie-Jackpots. Du solltest auch Negatives, Belangloses, Nichtzielführendes als solchen Unrat ansehen. Es ist wie mit einem Hund. Er versteht den ganzen Tag nur Bahnhof, wenn du dich mit ihm unterhältst. Wenn er jedoch seinen Namen hört, wird er aus der letzten Ecke herbeigerannt kommen. Es ist eine selektive Wahrnehmung, in diesem Fall auf Reizwörter wie seinen Namen, Gassi und auf Befehle, wenn es etwas zu Essen gibt. Du kannst dich darauf konditionieren, es ebenso im beruflichen Alltag zu machen. Widersteh, sag Nein (wir hatten dazu bereits ein Kapitel). Jene, die ungeübt sind, stürzen sich auf alles und fangen an, zu diskutieren. Doch genau das gilt es, zu lernen. Vermeide solche Impulshandlungen, dich von deinem Ziel abbringen zu lassen. Kein Geld da – Impulshandlung – mache ich nicht, kann es mir nicht leisten. Unrat einfach im Raum stehen lassen, das musst du, wenn du erfolgreich werden möchtest. Die Zeit wird, um in unserem Sinnbild des Flusses zu bleiben, diesen Unrat langsam, aber sicher wegschwemmen. Lass all die Angebote an dir abprallen wie eine Nano-

143

Behandlung für deine Windschutzscheibe! Vertrau mir, weniger ist mehr. Ich sage sehr oft Nein. Ich musste dies lernen, aber ich sage Nein zu Kunden, die mit mir handeln wollen. Ich sage Nein, wenn mir jemand Prozente an seinem Unternehmen bieten möchte, nur weil er selbst zu faul ist, eines aufzubauen. Wenn etwas Schönes vorbeikommt, kannst du es dir gerne nehmen. Aber den Unrat, den lass vorbeischwimmen! Genauso ist es im Leben. Mittelmaß entsteht dann, wenn du alle Angebote annimmst, also alles aus dem Fluss herausfischst und ansammelst. Du glaubst mir nicht? Dann schauen wir auf deine Festplatte, wie viele Kurse sind dort ungesehen abgespeichert? Wie viele Bücher liegen in deinem Regal, nie gelesen oder deren Inhalte nie angewandt? Wie sieht es mit deinem DVD-Stapel aus? Alles wohlgemeinte Ratschläge, doch es wurde nur gefischt und angehäuft. Das kommt daher, dass du nicht wie dein Hund gelernt hast, nur auf Ausgewähltes zu achten bzw. zu hören! Widersteh, aber greif zu, wenn du einem Lieferanten begegnest, mit dem eine Kooperation sinnvoll erscheint. Greif zu, wenn du einen Mentor findest, der zu dir passt. Unrat ist nichts Schlechtes. So eine alte DVD ist ja kein böses Ding. Nur ist es so, dass du einen alten Ratgeber nicht gebrauchen kannst. Denn die DVD ist nur ein Synonym für die früheren VHS-Kassetten (wie viel hast du davon im Keller, auf dem Speicher ... der alten Zeiten wegen?). Die Zeiten ändern sich und darum ist bunkern nicht zielführend. Nur das Anwenden von Wissen bringt die Gewissheit, ob etwas gut oder schlecht ist. Am Ende wirst du viel, viel seltener etwas aus dem Fluss picken. Womöglich weniger, als alle Menschen, die du kennst. Hundertmal weniger! Das heißt im Klartext: Du lässt Hunderte Chancen liegen, du widerstehst Tausenden von Versuchungen, jedoch greifst du zu, wenn dein passender Mentor kommt. Wenn du ein gutes Gefühl hast, dann trau dich. Lass dich nicht von deinen abwegigen Gedanken irreleiten. Erinner dich daran, dass du vieles Negative nur im Kopf erleben wirst. Es ist klug, sich nach Referenzen zu erkundigen, auch nach Kosten. Aber man kann niemanden sein Risiko gänzlich nehmen. Selbst die besten und teuersten Versicherungen haben irgendwo im Kleingedruckten diesen Paragrafen, dass die Haftung genau an dieser einen Stelle nicht gewährleistet werden kann! Darum sage ich Nein zu all den Anfragen, die mich erreichen, wenn es um Shopreferenzen geht. Bei aller Liebe, mein Selbstvertrauen ist in zwölf Jahren so ausgeprüft, dass ich mir ein „Nein, danke" zutraue. Ich möchte mit solchen Menschen nicht arbeiten. Denn ich glaube, sie haben ihre Hausaufgaben nicht gemacht. Wenn ich dein Mentor sein soll, muss Vertrauen da sein. Du willst etwas von mir, ich habe mich zwölf Jahre in der Praxis geschlagen, sämtliche Höhen und Tiefen dokumentiert. Mein durchschnittlicher Stundenlohn liegt bei fast 500 Euro netto, wie ist das aktuell bei dir? Meinen Schützlingen erspare ich viel Geld und Leid, nur sie wissen es nicht. Woher auch, du kannst nicht wissen, dass du Glück hast, wenn du es noch nie gemacht hast. Ich muss zugeben, auch hier habe ich mit Larry eine kleine Gemeinsamkeit, was den Durchhaltehunger betrifft. Ich bin etwas abgeschweift. Ich komme zurück auf das Interview mit Larry. Larry sagte, er habe 8.000 Euro aufbringen können, also 4.000 Euro weniger als gefordert. Trotzdem oder genau darum, mein größter Respekt, denn es zeigt den Tatendrang! Keine Ausreden gelten lassen. Und bei mir war es ähnlich. Ich hatte auch keine 10.000 netto, also 12.000 Euro. Ich konnte jedoch einen sehr guten

Deal aushandeln und bin so zu meinem Mentor gekommen. In meinen Fall gab ich Unternehmensanteile ab. Ich konnte überzeugen, dass ich Großes vorhatte, dass mein Konzept oder dass mein Businessplan überzeugt hat! Und darum geht es, es gibt viele Wege zum Ziel. Auch, und insbesondere dann, wenn du aktuell kein Geld hast. Das ist kein Hindernis!

Aber bitte versteh den Unterschied. Du musst ein Konzept haben, damit du jemanden überzeugen kannst. Darum musst (!) du dir Gedanken machen und zu überzeugen wissen. Viele aus meiner YouTube-Community sind anfangs hoch motiviert und schreiben wöchentlich in sehr vielen Anfragen etwas wie dies: „Fabian, willst du nicht mit mir arbeiten? Ich suche einen Mentor für Dropshipping." Aber das Problem ist, und ich glaube, so ging es auch damals meinem Mentor, ich bin eingespannt, das darf keiner vergessen. Ich möchte auch bei diesen vielen Projektanfragen die Spreu vom Weizen trennen. Aus diesem Grund wurden die Eintrittskriterien mit diesen rund 10.000 Euro zum Quasi-Standard. Ich zeige dir gleich, dass ich eine andere Lösung für dich habe. Ein Mentoring von gleicher Qualität, aber mit geringerer Hürde. Ich glaube, dass eine ganz wichtige Erkenntnis folgende ist: Wenn du von deinem Mentor überzeugt bist, wenn du denkst, dass dieser oder jene Typ das Potenzial hat, um dir zu helfen, dann ist es der Richtige, dann hinterfrag nicht jeden Satz, sondern konzentrier dich auf das große Ganze. Wenn du dich in all den Belanglosigkeiten verlierst, tritt innerlich einen Schritt zurück und schau dir alles aus einer anderen Perspektive an. Oftmals sind viele Fragen nur Unrat, der vorbeischwimmen muss, in dem Fall in deinem Gehirn. Wenn du jedoch überzeugt bist, schließ keine Kompromisse, dann darf es kein Halten geben. Ich habe mich abgeschuftet, wochen- und monatelang. Ich habe Mülleimer bei der Stadtverwaltung gereinigt, Maden raussortiert, tote Tiere, Kadaver sortiert. Also brutalst ekligste Jobs gemacht, um das Business zu formen, um das Kapital, um die Motivation zeigen zu können, dass ich an meinem Business arbeite. Ich habe bis nachts gearbeitet (was ich noch immer mache!), ich habe das dokumentiert. All das habe ich getan, um meinem Mentor die Ernsthaftigkeit zu zeigen. Das war der Beweis. Viele glauben, dass eine E-Mail ausreicht und Hilfe herbeieilt. Nochmals klar gesagt: Ich bekomme Hunderte von E-Mails in der Woche. Ich antworte meist, jedoch nicht immer. Ich erwarte einen gewissen Aufwand, damit ich mir meine Zeit nehmen kann. Ich bin so etwas wie ein Investor, der deinen Businessplan prüft. Jede E-Mail ist wie ein Mini-Businessplan, dieser One-Pager. Erinnerst du dich? Wenn mich der erste Eindruck nicht überzeugt, wird das mit dem Mentoring nichts. Es ist nur eine E-Mail voller Unrat, die auf direktem Wege in den Spam- bzw. Papierkorb schwimmt.

Ich glaube, das ist der gemeinsame Nenner, dein Mentor muss dein ernsthaftes Interesse erkennen können! Viele Leute, die heute im Dropshipping-Business sind, waren gestern im Staubsaugerbiz. Übermorgen sind sie vielleicht M&M-Vertreter und verkaufen dir das neueste Network. Das ist nicht schlimm, das ist eine Findungsphase, ich spreche von einem Pfadfinder, der seinen Pfad finden muss. Ich finde, wenn diese 10.000 Euro – als symbolischer Betrag, weil das anscheinend besagter Quasi-Standard ist, bezahlt werden müssen, ist das eine ernste Hürde. Aber du zeigst deine Motivation, ja, ich bin bereit, Opfer zu bringen, das ist ein Stück weit leidensvoller Weg. Doch alle Informationen, die du nach Bezahlung deines „Eintrittspreises" bekommst, weißt du zu schätzen; die gesparte Zeit samt Lehrgeld. Vielleicht glaubst du, dass all der unstrukturierte Content von Google und YouTube ausreicht. Er ist nicht verkehrt, ich trage wöchentlich meinen Free-Content ebenso ins Universum des Internets. Doch ohne Mentor kennst du nicht die richtigen Fragen!

Nachdem du dein Opfer erbracht hast, entwickelt sich eine andere Arbeitsweise, ein ganz anderer Respekt. Beiden Seiten ist bewusst, für diesen Stand wurde eine Menge gearbeitet und es ist ein symbolischer Schritt. Es ist eine bewusste Entscheidung. Man macht eine Art Ausbildung. Natürlich kann man die theoretisch zehnmal in allen Branchen machen, aber in der Regel eben nicht. Es ist ein bewusster Schritt, dieses Business namens Dropshipping ernsthaft zu betreiben. Das ist das Wichtigste im Mentoring, dass du verstehst, dass du es mit jemandem zu tun hast, der das ernst meint. Ich habe darum Ende 2017 mein eigenes Mentoringprogramm an den Start gebracht. Das ist losgelöst von unserem Elite-Paket. Bei beiden Angeboten ist es notwendig, einen ersten Schritt zu machen. Das Elite-Paket mit 6.5000 Euro netto, das Mentoring für einmalig 2.5000 Euro netto und dann jeden Monat nur 850 Euro netto. Hinzu kommt 2018 unser Live-Chat im Mentoring, so kann ich optional noch höhere Reaktionsquoten erreichen. Ich biete dir hiermit meine Hand an, meine Hilfe. Aber ich möchte, dass du beschriebenes kleines Opfer erbringst. Es ist wirklich klein, da es viel weniger ist, als das, was mir widerfahren ist oder Larry. Du hast es leichter, als ich zu meiner Zeit.

Abschließend gehe ich auf das Thema Beteiligungen ein. Für mich war es der Weg, für Larry seinerzeit nicht. Es hängt also davon ab, was du zu bieten hast. Versteh bitte, eine Umsatzbeteiligung ist für einen Mentor in erster Linie uninteressant – zumindest für mich – weil ein Mentor kein Investor ist. Für den Investor ist der Anreiz, dass er vielleicht Firmenanteile bekommt. Umsatzbeteiligung ist daher nicht abwegig, sondern die Regel. Aber ein Mentor möchte sein Wissen vermitteln. Darum bitte ich dich, mich als dein Mentor eher auf die Stufe eines Business-Angel zu stellen. Ein Business-Angel, sprich der Mentor, bringt seine Erfahrungen, sein Wissen ein. Er schützt dich vor Fehlern, vor Fehltritten und wird die nötige Motivation und den notwendigen Arschtritt geben, damit noch disziplinierter an deinem Traum gearbeitet wird. Und genau als solchen solltest du mich sehen. Das kann ich genau in diesem Mentoring-Programm gewährleisten. Aus diesem Grund möchte ich keine direkte Umsatzbeteiligung, aber ich möchte, dass dieses Respektvolle erhalten bleibt, und biete deswegen an, dass du monatlich für 850 Euro netto das Mentoring-Programm erweitern kannst, wie du möchtest. Das heißt, wir haben keine Mindestvertragslaufzeit. Einmalig besagte 2.500 Euro und dann monatlich 850 Euro. Sieh das so, die 850 Euro, das ist keinerlei Gebühr, die du bezahlst, sieh das wirklich als Umsatzbeteiligung. Ich möchte dich nicht schröpfen. Wenn wir wirklich ein erfolgreiches Business machen, mit dem wir mehrere 10.000, vielleicht auch 100.000 Euro in kürzester Zeit umsetzen, sei dir das gegönnt und ich begnüge mich mit meinen 850 Euro. Das ist ein sehr fairer Anteil und du kannst mich jederzeit rauskicken und den Weg allein weitergehen. Dann weiß ich, dass ich meine Mission erfüllt habe! Niemand hat langfristige Verpflichtungen mir gegenüber. Mit dieser Vorgehensweise kann ich die Spreu vom Weizen trennen. Wer wirklich bereit ist, dass wir gemeinsam den Weg gehen, damit wir wirklich individuell uns besprechen, dass ich individuelle Konzepte erarbeite, dass ich Lieferanten an die Hand gebe, Türen öffne, dein Business aufzubauen helfe, einen vernünftigen Steuerberater suche (Stichwort: Datev-online!), dass ich ferner dabei helfe, einen vernünftigen Anwalt zu suchen, der alle Vertriebsplattformen rechtssicher macht, dann sollten wir das Thema Mentoring starten! Ich bin kein Investor, der mit Renditen gelockt werden kann. Dies gilt es, klar zu differenzieren. Es sollte dir klar sein, dass ich meine Zeit in dich investiere und von dir dieses Grundinvestment auch erwarte. Es ist nicht vergleichbar mit den Summen, die mir oder Larry gegenübergestellt wurden, das ist nun klar geworden. Aber es ist so, dass du ernsthaft darüber nachdenken musst, ob Dropshipping die richtige Wahl für dich ist. Und ja, das ist genau das, was ich will.

Geld zurück? Nein, danke!

Meine Kollegen werben mit einer Geld-zurück-Garantie. Ich nicht. Ich bin ein Freund von bewussten Entscheidungen. Ich habe dir bereits gesagt, dass alles, was du heute vorfindest, daraus resultiert, dass du irgendwann eine Entscheidung getroffen hast. Diese hat dich hierher gebracht. Wer erstmalig von Dropshipping hört und Fuß fassen möchte, stößt auf all die Kurse. Überall wird damit geworben, morgen bezahlen, heute kaufen. Wenn es nicht gefällt, kein Problem, Geld gibt es sofort zurück! Ich halte davon nichts und ich praktiziere dies nicht. Zum einen bin ich von der Qualität überzeugt. Ich weiß, dass ich niemandem Mist andrehe, darum gibt es keinen Grund, nicht hinter meinem Angebot zu stehen. Und kaum zu glauben, aber wahr, auch mich kostete es Zeit, ein Storyboard für unsere Webangebote zu schreiben. Dazu das Kamera-Equipment, du weißt, dass ich bereit war, dafür mehrere Tausend Euro auszugeben. Der Videoschnitt und die Zeit. Warum hätte ich etwas zu verschenken? Eine bewusste Entscheidung ist also, nicht morgen eine Abnehm-Website, übermorgen Zoo-Marketing und überübermorgen machen wir dies und das zu betreiben. Eine bewusste Entscheidung zu treffen, bedeutet, sich nicht von jedem Problem abhalten zu lassen. Keine Ausreden, wie kein Geld zu haben, vorzuschieben, oder alles centgenau wissen zu wollen. Nur, um dann einen Schuldigen, der nicht du sein wirst, zu finden. T. Harv Eker meinte einmal in seinem grandiosen Buch „So denken Millionäre": „Wenn dein Ziel ist, ein ausreichendes Einkommen zu haben, wirst du wahrscheinlich nie reich werden. Wenn hingegen dein Ziel ist, reich zu werden – dann wirst du am Ende ein ausreichendes Einkommen haben."

Darum: Stets die Treppe von oben kehren und an dich glauben! Und da ich an mich glaube, muss ich keinem eine Geld-zurück-Garantie versprechen. Darum muss ich nicht meinen Mentoren-Anwärtern erzählen, wie toll ich bin. Man nennt das Selbstvertrauen. Alles kann, nichts muss! Und das ist ganz wichtig: Ich halte nichts davon, Leistungen zu verschenken, wenn sie kostenpflichtig sein sollten. Darum biete ich in meinen Acadamys keine Geld-zurück-Garantie an, sondern eine Zufriedenheitsgarantie. Erinner dich bitte, du musst die Grenze ziehen zwischen Free- und Paycontent. In dem Kapitel „10 Gründe, warum Start-ups scheitern" war genau dieses „stets kostenlos" ein Problem. Bei YouTube und Co. gerne, aber strukturiertes Wissen wie in der Academy, wie im Mentoring, bei dem es persönlich und individuell ist – niemals gratis! Ich halte ebenfalls nichts davon, zu sagen, es kostet nur einen Euro, teste das mal. Nein! Warum? Weil ich mir wünsche, dass der Funken zu dir überspringt. Man muss hinter den Entscheidungen stehen. Das versuche ich täglich, den Menschen mitzuteilen. Wenn du Teil unserer Acadamy bist, werde ich dir im Rahmen der Zufriedenheitsgarantie versprechen, dass ich alle Fragen, die sich ergeben, beantworte. Somit kannst du faktisch, wenn du dich wirklich für Dropshipping interessierst, niemals einen Verlust machen. Dann wirst du garantiert nicht unzufrieden sein. Wenn du es aber als eines von vielen Schnell-reich-werden-Systemen betrachtest und nur irgendwie als Mittel zum Zweck – dann passen wir nicht zusammen. Viele denken, sie sind ganz schlau und machen es wie bei Amazon. Sie kaufen eine DVD-Box, schauen sie an und senden diese zurück. Bei

Amazon funktioniert dies, dort muss man ein Widerrufs-recht einräumen. Müssen nicht im rechtlichen Sinn, denn Datenträger wie etwa eine DVD sind davon nach dem Entsiegeln ausgeschlossen. Aber du musst es, da der Kunde immer recht hat. Dies ist dir bekannt. In meinem Fall gibt es nichts zu entsiegeln. Du kannst kaufen oder es bleiben lassen. Ich bin der Boss im eigenen Shop. Ich habe keine Plattform, es gelten meine Spielregeln und diese sehen keine Geld-zurück-Garantie vor! Ich führe dir das so genau vor Augen, damit du die Wichtigkeit deines eigenen Shops erkennst! Dort bist du der Boss, arbeite an dieser Unabhängigkeit! Vergib diese Garan-tien, wenn du es möchtest, vergib eine Zufriedenheitsga-rantie wie ich oder mach etwas ganz anderes, indem du eine PayWall wie viele Verlage einführst. Unsere Academy ist im Grunde nichts anderes. An dieser Stelle kostet es Geld. Auch wenn dir der Inhalt nicht behagen mag, auch bei einer PayWall der Zeitungsverlage gibt es kein Geld zurück. Du kannst nicht erst die Zeitung lesen und dann sagen, die Schlagzeilen gefallen dir nicht. Wer an mein Wissen in strukturierter Form kommen möchte, der muss zahlen. Wer einen Mentor sucht, muss zahlen oder einen wirklich guten Deal vorschlagen! Du kannst jeden Tag etwas Neues tun, das ist in Ordnung. Aber dann möchte ich nicht unbedingt mit dir zusammenarbei-ten. Es wiederstrebt meiner Überzeugung und meiner eigenen Erfahrung! Ich stehe für meine Entscheidungen ein, das muss jeder lernen! Ich glaube daran, dass Quali-tät seinen Preis hat. Dass auch du deine Qualität erken-nen sollst, deinen Preis verlangen sollst gegenüber dei-nem Endkunden, das ist mir ganz wichtig. Und deswegen habe ich immer eine Zufriedenheitsgarantie und deswe-gen bedeutet das, entscheide dich, ob du für Dropshipping bereit bist. Und wenn du bereit bist, kann nichts schief gehen, da ich sämtliche Fragen beantworte. Wenn du nicht bereit bist, musst du dir in irgendeinem anderen Kurs ein Halbwissen in Anführungszeichen erkaufen, wo du dein Geld zurückbekommst. Aber es sollte nicht um ein paar Dollar oder ein paar Euro gehen, es sollte darum gehen, ob du wirklich weiter kommst. Und was gibt es Ehrlicheres als ein Versprechen, das all deine Fragen ehrlich beantwortet? Möchtest du, dass ich dir helfe, ein solides Online-Business mit Dropshipping ohne Warenkapital aufzubauen? Und genau deswegen benötigst du in meinen Augen auch keinen Investor, niemanden, der Firmenanteile bekommt oder Umsatzerlöse. Du benötigst einen Mentor. Du benötigst jemanden, der dich Schritt für Schritt an die Hand nimmt.

Betrachte mich als eine Art Business-Angel. Dies ist mein Angebot. Du kannst es annehmen, du kannst es ablehnen, es obliegt dir. Ich poste bei YouTube wöchentlich vier Videos. Kompletter Freecontent – das heißt, du kannst regelmäßig meinen Blog besuchen, die Podcasts hören. Es gibt sehr viele Informationen, die ich gerne kostenfrei mit dir teile und das auch von Herzen gern mache. Und den Nutzen an erste Stelle stelle. Ich glaube, jene Menschen, die die Videos sehen, die erkennen das. Ich liebe jedes Mitglied meiner Community, die Feedbacks sind überwältigend und sie bestärken mich, auf dem rechten Weg zu sein. Wie oft habe ich unsere Formate angepasst? Weil ich höre, was man mir sagt. Ich höre und ich lerne. Ich optimiere, jeden Tag, sieben Tage die Woche! Und dafür bedanke ich mich, für das großartige konstruktive Feedback. Ich bekomme gewiss nicht immer nur Lob, nein, aber das ist es, was mich weiterbringt. Ich liebe aufrichtiges Feedback, wenn jemand

154

unter ein Video postet: „Fabian, der Ton ist Mist, kauf ein besseres Mikrofon" oder „Bitte sprich langsamer". All das nehme ich zur Kenntnis. Ich veränder mich, dank Feedback. Ich verbessere mich und den Nutzen täglich. Frag daher auch dich, wie kannst du den Nutzen für deine Kunden erhöhen? Wie kannst du sie erreichen und Feedback bekommen? Möchtest du mit Dropshipping Geld verdienen oder ist dein Fokus noch nicht ganz ausgereift? Dann spar die 2.500 Euro für mein Mentoring oder die 6.500 Euro für unser Elite-Paket. Niemals solltest du diese wichtige Entscheidung unüberlegt treffen! Du kannst jeden fragen, ich dränge niemanden zu seinem Glück! Ich überlasse jedem, wie viel Zeit er braucht. Das ist okay, das ist gut so! Es gibt bei mir keine Verknappungstaktiken oder ähnliche Sachen. Na klar, wenn weg, dann weg. Aber das ist keine Strategie, sondern einfach der Nachfrage geschuldet. Ein gutes Beispiel ist unser neuer Kalender. Dort kann sich, wie du nun weißt, jeder eintragen. Wir rufen zurück. Anfänglich waren viele Termine frei. Nun ist es so, dass mitunter vier oder mehr Wochen kein Termin mehr frei ist. Dies ist echte Nachfrage, es bedarf hierfür keiner Strategie zur Verknappung. Ich muss nicht betonen, dass ich der Beste bin. Das bin ich gewiss nicht. Wichtig ist, ich muss der Beste für dich sein. Für deine Bedürfnisse! Nur darum geht es. Und wer mir zutraut, dass ich ihm helfen kann, der profitiert von meiner Frageflatrate, Zufriedenheitsgarantie genannt.

Shopsicherheit und -stabilität!

Gerade der kleine Shopbetreiber vernachlässigt zu Anfang den Shop hin und wieder. Er verkauft nur auf Plattformen, aber wenn die Kunden „demnächst" kommen, fängt er an, alles hübsch zu machen.

Sinnvoll ist es, mit Amazon & Co. zu starten. Doch kein Kunde möchte der Erste sein. Darum musst du ihm das Gefühl geben, dass es bereits viele glückliche Kunden vor ihm gab. Dieser Eindruck wird nicht gestützt, wenn der Shop ständig im „Urlaubsmodus" oder „Wartungsmodus" ist. War Amazon in solch einem Modus? Oder Otto, MyToys und wie sie alle heißen? Du kennst die Antwort: Die Treppe wird von oben gekehrt. Verfügbarkeit und Präsenz sind wichtig. Was du heute nicht hast, kann morgen nicht werden. Das ist so, als würdest du morgen zu Geld kommen und sofort unsere Leistungen nutzen. Das Ding ist, wenn du Geld hättest, bräuchtest du uns nicht. Wenn du mehr vom Gleichen möchtest, mach einfach so weiter. Wenn du beispielsweise noch nicht Hunderte oder Tausende Kundenbestellungen am Tag hast, wenn du noch immer im Büro für deinen Chef statt ortsunabhängig arbeitest, dann wird es Zeit, diesen Zustand zu verändern. Du bekommst immer mehr von dem, was du tust bzw. eben auch nicht. Wie du inzwischen verstanden hast, nichts zu sagen führt zu einer Konsequenz. Alle Entscheidungen beruhen auf deiner Überzeugung. Darum musst du all das jetzt und heute tun, was du normal nicht tun würdest. Nur so ändert sich nachhaltig etwas. Wenn du nur bei Amazon verkaufen würdest, dann verkauf zusätzlich bei eBay. Wenn du heute keine Anti-Viren-Systeme im Shop implementieren würdest, tu es. Und genau an diesem Punkt sind wir nun, bei deiner

156

Sicherheit. Ich bin kein Serverprofi. Ich muss mich darauf verlassen, dass keine Kundendaten verschwinden. Ich muss dies tun, bevor echte Kunden kommen! Oder bestellst du erst die Fenster für dein Haus, wenn du darin wohnst und das Gewitter in den Nachrichten angekündigt wird? Vorsorge treffen ist wichtig! Aus diesem Grund habe ich eine Kooperation mit der Firma Net Wächter. Bereits ab 15 Euro monatlich kann es ein Rundumsorglos-Paket geben. Das bedeutet, Schutz gegen Angriffe von außen, auch gegen Viren, Trojaner und vieles mehr. Ein schöner Nebeneffekt ist die Gesamtperformance, diese wird beschleunigt. Traffic-Komprimierung wird das genannt. Sogenanntes Content Caching mindert die benötigten Ressourcen auf dem Server. Dein ganzer Shop bzw. deine Website wird schneller. Thema Google Page Speed, Google Partitionierung – permanent wird zudem die Verfügbarkeit überwacht. Das ist sehr, sehr wichtig, gerade dann, wenn dein Shop verkaufen soll. Ich habe es selbst bei meinem Shop, Academy genannt, gesehen. Ist die Website nur Minuten offline, bekomme ich berechtigterweise eine Meldung. Für einen Shop, der neu gestartet ist und es keine (wie bei mir) Community gibt, entsteht ein neues Problem. Die potenziellen Kunden könnten glauben, dass du schließen musstest. Dass es deinen Shop einfach nicht mehr gibt! Du verspielst viel Vertrauen! Deswegen ist das so wichtig. Und aus diesem Grund hast du hier ein Rundum-sorglos-Paket, das auch ein Back-up beinhaltet! Nicht jeder Hoster stellt Back-ups bereit, das ist unglaublich im Jahre 2018. Darum gilt, wenn du wirklich Geld verdienen willst, ist das Thema Back-up aller Datenbanken sehr wichtig, ebenso wie die Datensicherheit. Und jeder, der einen Shop eröffnet, sollte keinen geringeren Anspruch haben, als Geld zu verdienen! Das ist dein gutes Recht, mach davon Gebrauch! Net Wächter hat den Vorteil, dass er dich faktisch gegen Umsatzverluste schützt! Von sensiblen Daten und deren Schutz ganz zu schweigen! Aber auch Abmahnungen durch den Wettbewerber beziehungsweise durch Datenschutzverbände kannst du damit vorbeugen. Nach Paragraf 13 Absatz 7 des Telemediengesetzes TMG ist es notwendig, seine Pflichten zu kennen! Vom Aufwand her ist alles recht simpel, es wird in drei Schritten implementiert. Das heißt, auch ohne ein IT-Nerd zu sein, bekommst du es zum Laufen. Ich bin der beste Beweis, ich bin extrem gut in meinem Tagesgeschäft, brauche aber Experten für die Steuer, die IT-Sicherheit oder um ein Loch in die Wand zu bohren. Wirklich, Bilder aufhängen ist echt schlimm, ich habe Delegation verinnerlicht!

Wenn du dich für das Net-Wächter-System entscheidest, hast du im Prinzip ein Schutzschild. Sämtlicher Unrat wird abgewehrt, wird sozusagen entsorgt, bevor er zur Website kommt. (Erkennst du die Parallele aus dem vorherigen Kapitel, mentale Einstellung, Unrat?) Deinen Shop bzw. deine Website erreichen nur noch genehmigte Anfragen. Es ist eine Firewall sowie ein Antivirenscan. Das läuft so wie in deinem Kopf, es wird aussortiert, was durch darf und was nicht. Gutes und Böses wird unterschieden. Das System lernt täglich, darin besser zu werden, genau das solltest auch du tun.

Amazon FBA und Alternativen

Arme Menschen verkaufen ihre Zeit gegen Geld. Doch damit limitierst du dein Wachstum und somit deine finanziellen Möglichkeiten. Darum ist Dropshipping sehr gut, ich habe dir dies bereits erklärt. Oftmals werde ich gefragt, was ich von FBA by Amazon halte.

Zunächst der offensichtlichste Unterschied: Für FBA braucht man Geld. Ohne Geld kann man keine Waren kaufen. Und das ist die Grundvoraussetzung, um FBA nutzen zu können. Es ist daher das klare Gegenstück von Dropshipping. Darum sollte meiner Meinung nach niemand mit Dropshipping beginnen, wenn er kein Geld hat. Wareneinkauf ist selbst mit Geld risikoreicher. Was heute hohe Nachfrage hat, kann morgen keine mehr haben. Trends müssen beachtet werden und die Kollektion von morgen. Eine gut polierte Glaskugel muss also her. Ein Tool habe ich dir bereits vorgestellt, es war die Browser-Erweiterung, die auf den Namen Sonar hört. Marktrecherche ist extrem wichtig. Da wir uns in erster Linie mit Dropshipping befassen wollen, folgen die Unterschiede im Detail. Die größten und offensichtlichsten sind die Warenlagerung und der Kapitalbedarf. Wer bei Amazon verkaufen möchte, braucht ein Seller-Central-Account. Es ist ein professioneller Verkäufer-Account. Es gibt auch noch Vendor-Accounts. Diese sind primär für Hersteller geeignet. Wenn du über ein eigenes Brand nachdenkst, kannst du dieses bei Amazon als Marke hinterlegen. Das muss ich etwas genauer erklären.

Private Labels ist das eine, es erinnert an das „Ware aus China sourcen". Vielleicht die Yoga-Matte oder die Knoblauchpresse. So eine Ware wird gesourct, da wird ein Logo aufgedruckt und auf Amazon & Co. verkauft.

Ich halte davon nichts, das ist hinreichend bekannt. Dein Kunde ist nicht blöd. Käufer haben mittlerweile mitbekommen, dass es generische Produkte sind. Dass hier keine echte Marke dahinter steckt! Dies ist ein Private Label. Das ist tot und nicht nachhaltig! Ein Beispiel aus dem US-Markt soll dies verdeutlichen. Und ja, wenn wir Waren kaufen und einlagern, was wir bei diesen Artikeln ja machen würden, dann ist das FBA-Ware. Man kann auch Dropshipping betreiben, mit Whitelabel – doch dazu später. Auf Amazon.com kannst du nach Yoga-Matten suchen. Yoga matt ist der amerikanische Suchbegriff, es gibt über 22.000 Suchergebnisse. Das muss man sich mal vorstellen, 22.000 Suchergebnisse! Wie viele verkaufen denn da wirklich? Das wird dann wirklich sehr dünn. Da werden vielleicht die ersten Hundert noch etwas verkaufen – wenn überhaupt. Es ist ein wenig wie bei Google, wer kauft auf Seite 24 oder 76 bzw. 98? Hast du jemals bei Amazon oder Google auf solchen Trefferseiten gekauft? Die Wahrscheinlichkeit, dass es ein Kauf direkt auf der ersten Seite wird, ist extrem hoch. Ist das Ergebnis nicht wie gewünscht, wird am Filter geschraubt. Nur Prime, Neuheiten, beste Bewertungen etc. Das heißt, es ist eine Inflation an Private Label, die außer einem Logo nicht viel dahinter haben. Und das merkt dein Kunde irgendwann. Woran soll er sich bitte noch orientieren? Am Preis? Dein Produkt ist austauschbar. Ein Folgekauf ist unerheblich, denn die Marke, die eigentlich keine ist, kennt eh keiner. Es ist zu überlegen, ob du den Schrott mit den Labels mitmachst oder ein echtes Brand aufbauen möchtest. Ich bin Dropshipping-Experte und stehe mit meinem Namen für diesen Erfolg. Das ist ein Brand, nicht einfach nur ein Etikett. Wie ist es bei dir bzw. deinem Produkt? Ist es austauschbar oder sind es echte Werte? Was passiert mit den klassischen Private Label à la AliExpress & Co.? Weil der Kunde merkt, es funktioniert so nicht ganz, wird das Label in eine Preisspirale gezogen. Der billigste Anbieter möge den Zuschlag bekommen. Um sich von jener Preisspirale zu entkoppeln, ist der einzige Weg, ein wirkliches Brand mit Werten zu implementieren. Ich nehme wieder mich, ich liebe, was ich tue. Ich mache es nicht des Selbstzwecks wegen, ich erfinde mich täglich neu. Wer diese Ausdauer nicht mitbringen möchte, der braucht kein Brand. Das ist okay, es gibt viele Großhändler, deren Waren verkauft werden können – nur ein Logo drauf, ein Private Label und das ist wertlos (eigentlich immer). Wenn der Kunde überzeugt wurde, zahlt er 6.000 Euro mehr, weil er das Brand kennt und ihm vertraut. Erinner dich an unser Elite-Dropshipping, es kostet 6.500 Euro. Für fast das doppelte, also weitere 6.000 Euro, gibt es unser Elite-Live. Du hast die Vorzüge bereits in diesem Buch gelesen. Der Preis dreht sich mit einem Brand nach oben, nicht nach unten! Dies unterstützt, was du zuletzt gelernt hast. Es gibt keine Geld-zurück-Garantie, besser erscheint die Zufriedenheitsgarantie! Diese wird bewusst mit meinem Brand verknüpft. Ich verknüpfe Wissen und Leistung mit mir, nicht mit Widerruf oder Retouren! Ich bin als Hersteller (in meinem Fall Herausgeber) preisunabhängig. Ich bin nicht mehr vergleichbar mit den anderen, stimmt's?

Hast du ein Produkt gefunden und weißt, ob du ein Brand oder ein Label aufbauen möchtest, ist der nächste Schritt die Zielgruppe. Bei Amazon wird dem Businesskunden ein eigener Marktplatz geboten. „Amazon Business" kann spannend sein. Das Gute ist, die Geschäftskunden können dort auf Rechnung kaufen, haben einen eigenen

Business-Prime-Versand, Rechnungen mit Umsatzsteuer und einige weitere Privilegien wie Einkaufsgemeinschaften. Letzteres ermöglicht deinen Mitarbeitern, mit verschiedenen Hierarchien und Rechtegruppen einzelne Budgets für den Einkauf zuzuweisen. Aus Kundensicht kann ein normaler Prime Account in ein solches Geschäftskonto verifiziert oder ein neuer Account eröffnet werden.

Yoga-Matten sind ein Brand-Beispiel. T-Shirt-Individualisierung ist auch ein Evergreen, vorausgesetzt, du bist grafisch bzw. künstlerisch begabt. Mir persönlich ist das zu stressig, man muss immer up to date sein. Motive müssen den Puls der Zeit treffen, darum ist das für mich kein skalierbares Business. Einen Spreadshirt-Shop gibt es auch bei Amazon, „Merch by Amazon". Die eigenen Motive können bei Amazon angeboten werden, im Verkaufsfall gibt es eine Lizenzgebühr für das Motiv. Also Waren importieren und bei FBA einlagern. Alternativ Dropshipping machen mit Produkten, die ein Hersteller in seinem Lager hat, oder der Mix, dass die Rohmaterialien wie T-Shirts beim Hersteller oder Amazon liegen und von dort versendet werden, das Motiv aber von dir geliefert wird. Ich denke, wenn du mit einem reinen Dropshipping beginnst, brauchst du das nicht zu beachten. Auch die Bestseller ergeben sich mit einem wachsenden Verkauf automatisch. Wenn du siehst, was sich wirklich verkauft, kannst du immer noch jene Artikel selbst einkaufen, auf Lager legen und dein Business mit FBA skalieren. FBA skaliert dein Business, da es nicht deine Zeit kostet, zu versenden. Es ist diese Dropshipping-Parallele. Es gibt auch Hersteller, die direkt an ein Amazonlager liefern. Doch das muss sich lohnen. Mein Tipp: Wenn du mit Dropshipping viel Geld verdient hast, investier dieses Geld in besagte Bestseller. Lager diese bei FBA ein. Dann schenkst du das Geld nicht deinem Finanzamt, sondern lässt es in Form von Waren mittels FBA arbeiten. Das ist die klügste Investition, wenn du mich fragst! Ein alleiniges FBA-Business birgt zu viele Probleme. Es kam schon vor, dass die kompletten Bestände bei Amazon gesperrt und vernichtet wurden. Erinner dich an „Betrugs- und Warenfälschungs-Anschuldigungen". Ein solcher Verdachtsmoment genügt und die Ware kann gemäß AGB, die eh keiner liest, auf deine Kosten vernichtet werden. Das gab es wirklich, und doch sagen sie dir: „Das stimmt doch alles nicht!" Du kennst meinen Plan, meine Empfehlung, nun liegt es an dir, den ersten Schritt zu tun!

Rechtliche Besonderheiten

Dieses Kapitel besteht aus einem Gastbeitrag und ist im Rahmen meiner Kooperation mit dem Händlerbund entstanden. Dieser Bericht ist so auf unserer Website im Blog zu finden. Über den Autor dieses Kapitels: Ivan Bremers ist Volljurist und seit 2017 für den Händlerbund als juristischer Redakteur tätig. Im Bereich E-Commerce berät und berichtet er regelmäßig zu Rechtsthemen, welche die Branche bewegen. Daneben ist er als Referent auf Veranstaltungen rund um das Thema E-Commerce tätig.

Das Sortiment ist die Basis eines jeden guten Online-Shops, denn das muss den Kunden überzeugen. Wer schnell eine gewisse Sortimentstiefe anbieten will, jedoch nicht über das Kapital dazu verfügt, kann auf die beliebte Variante des Dropshipping zurückgreifen. Kennzeichnend ist hierbei, dass die Ware eines Online-Shops direkt von dem Großhändler bzw. Hersteller an den Kunden verschickt wird. Praktisch bedeutet dies: Ein Kunde bestellt die von ihm gewünschte Ware bei seinem Internethändler im Online-Shop und bezahlt den Rechnungsbetrag an den Händler. Dieser versendet nicht selbst, sondern bestellt die benötigte Ware bei seinem Großhändler oder Hersteller, der im Anschluss die Bestellung an den Kunden verschickt.

Klingt verlockend – allerdings nicht ohne rechtliche Besonderheiten, denn hier liegt eine Abkehr von dem normalen Fall vor. Im Fall des Dropshipping sind Verkäufer und Versender unterschiedliche Personen.

Was gilt bei einer Retoure?

Der Kunde kennt den Versender nicht, Vertragspartner und Ansprechpartner ist stets der Online-Händler als Verkäufer. Gefällt dem Verbraucher die Ware nicht, kann er diesem gegenüber fristgemäß den Kauf widerrufen und erhält das Geld gegen Rücksendung zurück. Adressat der Rücksendung ist dabei von Gesetz her der Verkäufer. Bei diesem könnten sich so die Retouren ansammeln. Rechtlich bleibt dem Verkäufer nur die Möglichkeit, mit dem Dropshipping-Lieferanten eine Vereinbarung zu treffen, dass Retouren an diesen direkt geschickt werden können. Dies passiert im besten Fall gleich im Vorfeld, damit beide Seiten damit zufrieden sein können.

Was gilt bei kaputter Ware?
Im normalen Geschäftsleben gilt, dass bei einem Kauf unter Kaufleuten die Rügeobliegenheit nach dem Handelsgesetzbuch (§ 377 HGB) zu beachten ist. Sollte ein Mangel bemerkt werden, muss diese unverzüglich angezeigt werden. Nur so kann ein Kaufmann seine Gewährleistungsansprüche wahren. Liefert der Lieferant die Ware direkt an den Endverbraucher, bekommt der Online-Händler die Ware nie zu Gesicht und kann dieser Obliegenheit nicht nachkommen. Damit trägt der Online-Händler auch die Gefahr, dass die Ware beim Transport beschädigt wird. Die Pflicht der direkten Überprüfung und Rüge nun dem Verbraucher aufzuerlegen, ist jedoch unzulässig. Für diesen gelten ausschließlich die gesetzlichen Gewährleistungspflichten. Dem Online-Händler kann daher im schlimmsten Fall ein finanzieller Schaden dadurch entstehen, dass er auf der defekten Ware „sitzen bleibt". Auch hier sollte schon vor Beginn des Dropshipping eine Absprache mit dem Lieferanten erfolgen.

Was muss beim Datenschutz beachtet werden?

Da bei einem Dropshipping der Versand durch den Lieferanten geschieht, müssen diesem die Adressdaten des Käufers mitgeteilt und damit weitergegeben werden. Dazu zählen Namen und Adresse. Diese stellen nach dem Bundesdatenschutzgesetz (BDSG) jedoch sog. personenbezogene Daten dar, wodurch sie unter den besonderen gesetzlichen Datenschutz fallen. Um diese rechtliche Hürde zu meistern, sind zwei Dinge zu beachten:

1. Der Kunde muss in der Datenschutzerklärung des Online-Händlers darüber informiert werden, dass seine Daten weitergegeben werden und was mit diesen Daten geschieht. Nur so kann der Informationspflicht nachgekommen werden.

2. Der Online-Händler bedient sich des Lieferanten im Wege der Auftragsdatenverarbeitung oder als Erfordernis zur Erfüllung seines Vertrages. Beides ist gesetzlich zulässig. Im ersten Fall bedürfte es jedoch eines separaten Vertrages mit dem Lieferanten.

Was gilt bezüglich der Verpackungsverordnung?

Verpackungen dürfen grundsätzlich nicht ohne Lizenz in den Verkehr gebracht und an die Kunden weitergegeben werden. Diese Vorgabe stellt die sog. Verpackungsverordnung (VerpackV) auf. Dies gilt direkt, wenn der Online-Händler aus seinem eigenen Lager versendet. Entscheidend dabei ist das jeweilige „in Verkehr bringen". Im Fall des Dropshipping ist nicht abschließend geklärt, wer dafür verantwortlich ist – entweder der Online-Händler oder der Lieferant. Vieles spricht für den Online-Händler, da dieser die Ware unter seinem Namen und auf seine Rechnung auf den Markt bringt. Es ist in jedem Fall dringend zu empfehlen, die Verpackung selbst zu lizenzieren oder sicherzustellen, dass der Lieferant die notwendige Lizenzierung vorgenommen hat. In diesem Zug sei auch erwähnt, dass auf der Website des Online-Händlers nicht mit Hinweisen zu einem Entsorgungssystem geworben wird. Dies kann als Verstoß gegen das Wettbewerbsrecht gewertet werden.

Apropos Wettbewerbsrecht
Der enge Kontakt mit dem Lieferanten oder auch Hersteller darf nicht ausgenutzt werden, um feste Preisvorgaben oder Vertriebsbeschränkungen zu vereinbaren. Dies könnte schnell gegen das Wettbewerbsrecht und Kartellrecht verstoßen.

Der Händlerbund hilft!
Online-Händler sollten sich bei der Erstellung von Rechtstexten und der Betreuung in rechtlichen Fragen von Experten wie dem Händlerbund helfen lassen. Diese übernehmen zum einen die Verantwortung für die Auskünfte und zum anderen bieten sie eine laufende Aktualisierung.
Ohne juristische Hilfe ist die nächste Abmahnung fast schon vorprogrammiert. Hier kann der Händlerbund helfen!

Als besonderes Highlight konnte ich für dich als Leser einen Bonus rausschlagen. Dieser liest sich wie folgt:
Wenn Sie sich jetzt für die umfangreichen Rechtsdienstleistungen des Händlerbundes entscheiden, erhalten Sie mit dem Rabattcode P1035#2017 einen Nachlass von zwei Monaten auf das Mitgliedschaftspaket Ihrer Wahl im ersten Jahr.

Kreditkarten auch mit negativer Schufa

Wer Dropshipping machen möchte, braucht eine Kreditkarte. Allein beim Anmelden bei Amazon ist das Pflicht.
Viele Lieferanten freuen sich, wenn man mit Kreditkarte
zahlt. Wir erinnern uns, in den USA ist es ohne fast un-
möglich. Auch wenn hier anzumerken ist, dass die Karte
aus den USA stammen muss. Jedoch ist die Wichtigkeit
auch in Europa nicht unerheblich. Darum hier die wich-
tigsten Möglichkeiten und Unterschiede. Kreditkarten für
Unternehmensgründer oder Menschen so wie ich, die
eine negative Bonität haben, sind gar nicht soo leicht zu
bekommen. Die Hausbank scheidet meist aus. Ich werde
dir daher eine Lösung aufzeigen, ich kenne mich als
Gründer aus und auch als negativer Bonitätskunde. Auch
monetäre Preisrabatte sind spannend. Warum nicht mitnehmen, wenn wir schon eine Karte haben?Du möchtest
bei Amazon verkaufen – ohne eine Kreditkarte geht das
nicht. Spätestens dann nicht, wenn du das Ganze europä-
isch bzw. darüber hinaus ins Auge fasst. Für alle, die
diesen AliExpress-Mist machen, ist es in jedem Fall emp-
fehlenswert, da es in China kein Widerrufsrecht gibt. Es
kann daher die letzte Option sein, sein Geld zurückzufor-
dern, wenn mal eine Sendung auch nach Monaten nicht
ankommt. 90 bis 120 Tage sind oftmals das Maximum
für das Rückbuchen. Für eine buchhalterische Korrektheit bedarf es oftmals auch für kleinere Software-
Programme einer Kreditkarte. Insbesondere bei amerika-
nischen Anbietern. Hier gehen in der Praxis auch die
deutschen Karten im Gegensatz zu der Warenbestellung
mittels Kreditkarte beim US-Hersteller. So oder so, früher oder später fängt die Problematik an: ohne Karte keine Ware.

168

Die Creditreform ist ein Unternehmen, keine Behörde, wie oft vermutet, und kann mitbestimmen, wie es mit der Kreditkarte aussieht. Auch für Nicht-Unternehmen gibt es eine ähnliche Stelle, die wohl jedem bekannte Schufa. Das heißt, theoretisch kannst du eine Kreditkarte als Firma beantragen, in der Praxis kommt dann die liebe Creditreform ins Spiel. Oder eben noch zusätzlich die Schufa, vordergründig, wenn es um private Sachen geht. Da werden in beiden Fällen Auskünfte eingeholt. In der Schweiz gibt es das MoneyHouse, das ist das Pendant zur deutschen Crefo, wie die Creditreform kurz genannt wird. Wenn du eine neue Company gegründet hast, hast du in aller Regel genau ein Problem. Du hast keine (gute) Bonität. Das wird in aller Regel nicht funktionieren. Aber, wie gesagt, um im Internet verkaufen (und auch optimieren und werben) zu können, brauchen wir eine Kreditkarte. Angenommen, du startest mit einer kleinen Rechtsform, zum Beispiel eine UG, oder du gehst als Einzelkaufmann, kurz e.K genannt, ins Rennen, dann sind die Möglichkeiten beschränkt. Thema Kreditkarte eindeutig schwierig. Auch, wenn du privat in Besitz einer solchen bist, ist das nur bedingt von Vorteil. Buchhaltungstechnisch wird es kompliziert. Das ist im Prinzip die Grundlage, die ich oftmals in meinen Beratungen vorfinde. Wie sieht es bei dir aus?

Zunächst klär die Frage danach, welche Art von Kreditkarten du haben möchtest. Ist es ein Vor- oder Nachteil, wenn ich mehrere habe? Ich war früher so naiv und habe gedacht, wenn ich eine habe, ist das ein gutes Zeichen, dann bekomme ich auch eine zweite, eine dritte, eine zehnte. Schließlich sehen die Banken, dass ich kreditwürdig zu sein scheine. Die Videos auf YouTube und

Co., die zeigen, wie toll sich das Geld bzw. die Kredit-
kartenschulden von Karte zu Karte übertragen lassen –
der Schein trügt. Je mehr Karten du besitzt, desto höher
ist potenziell das Ausfallrisiko. Also nicht so einfach mal
Karten-Roulette spielen wie im Film. Es gibt bei der
Kreditkarte salopp gesagt vier Fälle zum Thema Abrechnung. Angenommen, du möchtest hier und heute einen
Kreditkartenantrag stellen, ist maßgeblich, für welche
dieser vier Systeme du dich entscheidest. Mitunter ist
diese Entscheidung unbewusst, beeinflusst dein Rating
bzw. deinen Bonitätsindex. Zum Thema Bonitätsrating
kommen wir gleich. Wichtig ist, die Abrechnungsart
steht nicht für den Herausgeber. Ob Mastercard, Visa
oder AmericanExpress ist unerheblich. Alle spielen nach
den selben Regeln. Die Art der Abrechnung beeinflusst
dein Scoring, nicht der Herausgeber. Es gibt die sogenannte Charge-Card. Charge bedeutet, dass du einen Zahlungsaufschub hast, ein Zahlungsziel von bis zu 30 Tagen. Sprich, der Kartenumsatz wird monatlich von deinem Girokonto abgebucht. Das ist der Klassiker. Dann
gibt es noch das Revolving. Das bedeutet, dass du meist
länger als diese 30 Tage Zeit hast, das können zum Beispiel 60 oder 90 Tage sein. Du kannst Teilzahlungen leisten und hast erneut einen Zahlungsaufschub. Dafür werden mitunter hohe Zinsen fällig. Dann gibt es sogenannte
Debit-Karten. Das ist eine bessere EC-Karte, in Spanien
offenbar Standard. Auf meinen Bankkarten in Spanien ist
das Visa-Logo. Das bedeutet, die Zahlung wird nicht 30
Tage lang zurückgestellt, sondern sie wird direkt abgebucht. Zug um Zug. Das ist im Prinzip ein bisschen blöd,
wenn du damit zum Beispiel ein Hotel oder einen Miet-
wagen zu reservieren versuchst. Die Belastung erfolgt
direkt, wie mit deiner EC-Karte. Aber es gibt eben hin

170

und wieder eine Kreditkarten-Pflicht, in solchen Fällen tut eine solche Karte genau das, was sie soll! Der vierte Fall: Prepaid. Das ist eine sehr charmante Art, denn damit lädst du Geld auf. Du kannst nur das ausgeben, was zuvor eingezahlt wurde. Nicht nur ideal für den Nachwuchs, auch für Mitarbeiter. Somit hat man seine Schäfchen stets unter Kontrolle.

Das sind die vier Möglichkeiten, die es gibt. Wenn du zu viele Anfragen in sehr kurzer Zeit stellst, wird das bei der Schufa vermerkt – mit AC (Kreditanfrage). Sichtbar ist dieser Vermerk für sämtliche Banken zehn Tage lang. Dort stehen sämtliche Anfragen AC und sämtliche Genehmigungen CC. Je mehr Genehmigungen du hast, umso verantwortungsvoller musst du damit umgehen. Dort steht ebenfalls, für welche der vier Möglichkeiten du dich entschieden hast, und ob du pünktlich bezahlst. Es gibt einen kleinen Trick, wie du diese Anfragen bonitätstechnisch eleganter lösen kannst. Dafür musst du bei der Anfrage sagen, dass es eine Konditionsanfrage sein soll. Der Vorteil ist, dass diese Kreditanfrage nicht in den Score bei der Schufa eingerechnet wird und es bleibt kürzer gespeichert. Das Scoring besagt, du möchtest einen Vergleich, zum Beispiel einen Konditionenvergleich, machen. Deswegen ist es wichtig, dass du eine Konditionsabfrage machst! Merke, zwischen einen Antrag zu stellen und einem Vergleich ist ein Unterschied. Wird eine Anfrage abgelehnt, bedeutet dies einen negativen Eintrag. Eine Konditionsanfrage ist unverbindlich! Da kann ich fünf Anfragen parallel laufen lassen. Wenn gar nichts mehr geht, etwa bei Neugründer oder Menschen mit negativer Schufa, kann die Prepaid-Kreditkarte Wunder bewirken. Sie kann all diese Probleme lösen. Sie ermöglicht eine saubere Buchhaltung. Wenn du dich für eine

Prepaid-Karte interessierst, läuft dies ohne Anfrage bei der Schufa! Kein Anfragemerkmal also! Kreditkarten ermöglichen sehr viele Preisnachlässe etwa beim Einkaufen bei Amazon oder Rabatte beim Tanken. Auch Flugmeilen können sich so in Bargeld verwandeln. Man denke an Miles and More von Lufthansa und ähnliche Programme. Die Payback-Punkte gibt es eben nicht nur im örtlichen Supermarkt, sondern auch als Kreditkarte und eignet sich somit – zudem – für den Online-Einkauf.

Auch wenn ich kein Anhänger der AliExpress-China-Methoden bin, weise ich dennoch auf die Vorzüge einer Kreditkartenzahlung hin. Es macht Sinn, wenn man schon kein Widerrufsrecht in China hat, wenigstens ein Druckmittel in petto zu haben. Und wenn du mit PayPal bezahlst, hast du sogar zwei Back-ups. Denn PayPal belastet deine Kreditkarte. Darum kannst du zum einen das Geld von deiner Kreditkartengesellschaft anfechten und zuvor bei PayPal einen Konflikt melden. Also denk daran: Auch wenn du in China privat einkaufst, kann dieser Trick eine Menge Lehrgeld und Nerven sparen.

Google SEO: eine Black-Hat-Strategie

In diesem Kapitel geht es um die Google-Platz-eins-Strategie oder besser gesagt: -Garantie. Jeder redet davon, doch nur die wenigsten wissen, wie es wirklich funktioniert. Es ist alles andere als sauber, aber nicht verboten, nur moralisch ..., nennen wir es spannend grenzwertig.

Das Thema Suchmaschinenoptimierung sollte, wenn es um Internet und Dropshipping geht, nicht fehlen. Ich möchte hier nicht über all das sprechen, was man ohnehin schon weiß. Wer wirklich mal unter die Haube seiner Site bzw. seines Shops schauen möchte, dem empfehle ich das SEO-Tool Sistrix. Suchmaschinenoptimierung bedeutet, man will nach vorne kommen. Es gibt immer diese unseriösen Angebote, die dir versprechen, hiermit klappt es ganz sicher. Top Ten, ach was, Top drei, nein, das machen wir auf die Top eins. Das ist Bullshit. Aber es funktioniert wirklich, dumm nur, dass dir das keiner sagen will. All die Agenturen würden dann kein Geld mehr verdienen. Ich habe vor Jahren damit sehr, sehr viel Geld verdient, denn es war mein Business. Und deswegen erzähle ich dir ganz ehrlich, wie es funktioniert – wie es wirklich funktioniert! Die Anbieter erzählen dir dann, das dauert Monate, Jahre. Die wollen dein Geld! Es gibt einen Weg, der vielleicht ein bisschen moralaposteltechnisch schwierig, aber funktionell ist. Wie gesagt, natürlich geht es auch über den langen Weg. Etwa, indem du einfach guten Content produzierst. Aber gerade bei Highrunner-Keywords für eine gute und schnelle Positionierung kannst du neue Geschütze auffahren. Allerdings nur, wenn du ein bisschen Spielgeld auf der Seite hast. Agenturen machen ja auch nichts zum Nulltarif. Eine solide SEO-Strategie kostet locker 5.000 Euro aufwärts. Auch 15.000–20.000 Euro monatlich sind nicht abwegig. Selbst auf Mallorca sind uns solche Honorare schon angeboten worden. Da ich mich auf das Dropshipping konzentriere, leite ich solche Anfragen an einen Geschäftspartner weiter. Es wäre kaufmännisch nicht sinnvoll, solche Anfragen ins Leere laufen zu lassen. Wenn Kunden bereit sind, 20.000 Euro im Monat für eine SEO-Strategie zu bezahlen, sind das natürlich ideale Wunschkunden für unser Elite-Live! Denk daran, es geht darum, neue Märkte zu schaffen! Zurück zur SEO. Backlink-Aufbau, Offpage-Optimierung, Onpage-Optimierung, alles gut und richtig. Neue Märke = neue Lösungen! Also los geht's, lange Rede, kurzer Sinn, wie funktioniert es denn nun? Es ist ganz simpel.

Du gehst mit Deinem Wunsch-Suchwort auf die Seite von Google. Dann kommt eine Trefferseite mit verschiedenen Links, organische Links, die kostenlosen. Um die geht es. Du nimmst dir eine Website, die oben rankt. Kann sein, dass es nicht mit dem erstbesten Keyword funktioniert, aber es gibt Keyword-Abwandlungen und Tools wie AdWords-Keyword-Planner, die besagte Sistrix, mit der verschiedene Wort-Kombinationen samt Suchvolumen eingeschätzt werden. Es ist oftmals so, dass es prägnante Begriffe gibt. SEO-technisch spannend sind viele Bereiche, für meinen ehemaligen Kunden aus dem Agenturgeschäft habe ich die Bereiche Erotica und Casino seitenoptimiert. Wenn du da einschlägige Begriffe eingibst und glaubst, baaam, jetzt kommen die richtigen Knallerportale, nein, dann kommt eine Witzeseite. Tatsache. Da kommt irgendwie, keine Ahnung warum, der Sexwitz des Jahres. Und der steht bei Google ganz

174

oben. Nicht zuletzt deswegen, weil der nicht anrüchig ist und Google aufpasst. Deswegen hast du mit so einer Nischenseite einen Ultra-Vorteil. Oft stehen solche Seiten auch in anderen Branchen oben. In neuen Märkten denken, erinnerst du dich? Nehmen wir mal so eine Witzeseite als Beispiel. Dessen Betreiber hat nicht wirklich Ahnung, dass er mit diesem einschlägigen Keyword oben steht beziehungsweise ist das Potenzial nicht bekannt, da nur mit anderen Witzeseiten verglichen wird. Aus Marketing- bzw. Einnahmesicht im Hinblick auf potenzielle Werbeeinnahmen ist das fatal. Darum nicht beschweren, dass man mit einer Witzeseite kein Geld verdienen kann. Neue Märke erobern und auf Kunden wie mich zur aktiven Zeit warten. Statt zu warten, wäre auch ein proaktives Kooperationsgesuch mit anderen SEO-Agenturen sinnvoll! Merke: Für den Seitenbetreiber einer Witzeseite geht es um das Thema Witze, Kalauer. Das heißt, er hat diese einschlägigen Begriffe und diese Strategie, die man damit anwenden kann, auf keinen Fall auf dem Schirm. Er versteht nicht, dass diese Position bei Google Tausende von Euro monatlich (!) kostet. Da kommst du ins Spiel und bietest diesem lieben Seitenbetreiber, der von nichts in dieser Hinsicht eine Ahnung hat, eine supertolle Kooperation an. Natürlich tun es da schon wenige Euro, meist im zwei-, maximal dreistelligen Bereich. Natürlich einmalig oder maximal jährlich versteht sich! Du wirst ihm großzügig, wie du bist, neuen Content liefern! Offensiver gesagt, du willst einfach diese Unterseite kaufen/mieten. Deswegen musst du nicht gleich die ganze Domain kaufen oder selbst aufbauen. Zeit ist Geld! Im Fachterminus heißt solch eine Contentseite Advertorial, eine redaktionelle Anzeige. Es ist egal, ob du auf der Startseite stehst und ob diese Menschen deine Zielgruppe sind. Uns geht es nur um genau jene Unterseite. Der ursprüngliche Content kann bleiben, später kannst du ihn austauschen, das spielt keine Rolle, wichtig ist, dass du die Struktur beibehältst. Der Domaininhaber bleibt ebenfalls gleich. Das ist für Google kein illegales Unterfangen, da du die Gesamtwebsite beibehälst. Nachrichtenseiten mit echten (offiziell nicht gekauften) redaktionellen Inhalten machen das genauso. Beispielsweise wird ein redaktionelles Thema geschrieben, Gesundheitsratgeber ganz journalistisch, bis eine Firma kommt, die genau zu diesem Thema ein Produkt hat, z. B. ein Abnehmpräparat oder ein Migräneprodukt. Aus dem redaktionellen Content wird eine bezahlte redaktionelle Anzeige, Advertorial, die als Werbung gekennzeichnet sein sollte (aber es kaum in der Praxis ist) samt guter Platzierung bei Google. Wichtig für Google ist der Kontext, die Relevanz. Und die bleibt gleich. Wenn du dies überprüfen möchtest, empfehle ich dir ranks.nl. Das dortige Tool analysiert deinen Text bzw. die Website, um exakt das Vorher/Nachher zu berechnen. Nun liegt es an dir, ob du eine Agentur mit all dem Zauber beauftragen möchtest oder selbst tätig wirst. Denk daran, was du heute änderst, wird morgen Früchte tragen. Wäre es nicht toll, bereits morgen mit deinem Shop auf Platz eins bei Google zu stehen? Dieses Kapitel gab dir das notwendige Rüstzeug. Mach was daraus!

Amazon-Suspendierungen erkennen & vermeiden

Als Dropshipper startest du meiner Meinung nach am besten bei Amazon. Das Listen geht am schnellsten und der Aufwand hält sich in Grenzen. Die Erstmotivation bleibt, da die Verkäufe nicht lange auf sich warten lassen. Dies ist die Zuckerseite des Business. Ein Problem, das auftreten könnte, sind Sperrungen. Eine Sperrung kann die komplette Existenz zerstören! Du hast also nur eine Chance! Es ist (offiziell) nicht möglich, einen einmal geschlossenen Account wieder zu eröffnen bzw. einen neuen zu erstellen. Wenn du jedoch bei Amazon sehr zur Zufriedenheit deiner Kunden und somit der Plattform im Allgemeinen performst, kannst du es locker auf allen anderen Plattformen in Europa schaffen. Denn zweifelsohne, Amazon hat die härtesten Regularien.
Selbst ein Bein stellen kannst du dir beim Thema Produkttester-Bewertungen. Dies ist aus heutiger Amazon-Sicht eine bewusste Manipulation. Dies war nicht immer so, es gab einen eigenen Amazon-Produkttesterclub. Es gibt ihn nicht mehr. Das Thema Markenfälschungen hatten wir bereits. Anders sieht dies beim Vorsatz aus. Also, wenn du dir im Klaren darüber bist, ein Fake-Produkt als originale Brandware anzubieten, ist das kostspielig und riskant. Dann wird nicht nur der Account gesperrt, auch die Firmen werden Anzeige gegen dich erstatten. Das ist selbstverständlich. Dennoch gibt es Fälle mit Vorsatz immer wieder. Viele lagen bereits um Hilfe ringend auf meinem Schreibtisch. Ich berate seit Jahren Amazon-Händler zwecks Entsperrungen. Somit gilt auch hier, reinstes Praxiswissen, keine Theorie, wie so oft bei all den anderen Experten! Hinzu kommt, nein, ich bin nicht

stolz darauf, dass unsere eigenen Shops im Laufe des letzten Jahrzehnts etliche Male gesperrt wurden. Ein Klassiker ist, wenn sich über Wochen oder Monate hinweg schön konstant negative Bewertungen anhäufen. Wenn deine Kundenzufriedenheit derart sichtbar in den Keller geht, ist der Account bald Geschichte und du eine neue Akte auf meinem Tisch. Sicherlich erinnerst du dich noch an die vorherigen Kapitel, wir haben bereits geklärt, dass Kunden bei einer banalen Retoure gerne mal nicht bei der Wahrheit bleiben. Aber selbst dies kann die Statistik verhageln und dich die Verkaufsberechtigung kosten. Im Prinzip sind derartige Entscheidungen nicht anfechtbar. Ich bin ehrlich zu dir, es gibt Mittel und Wege. Ich bekomme garantiert jeden – bitte wörtlich nehmen – wieder zum Verkaufen. Doch die Wege dorthin sind mitunter sehr komplex und unnötig kostspielig. Jedoch preiswert, wenn du deine Existenz und die Tagesausfälle gegenrechnest. Ein Weg kann in einer Firmengründung liegen, dies ist der Hauptgrund, warum wir die Brücke vom Entsperren zur Firmengründung gelegt haben. Heute gründen wir viele Unternehmen, meist Kapitalgesellschaften in Spanien oder in den USA, ohne diese Notwendigkeit. So nahm alles seinen Anfang. Ich möchte dich in diesem Kapitel vor allem sensibilisieren. Butter bei die Fische, woran können Verkäufer eine Sperrung erkennen? Zunächst der wichtigste Grundsatz: Sorg dafür, dass du auf jeden Fall immer (!) und jederzeit Amazon nachweisen kannst, woher die angebotenen Waren kommen. Dropshipping ist entgegen der weitläufigen Meinung nicht verboten. Auf den nordamerikanischen Seiten von Amazon gibt es eine Dropship-Police. Es muss dir klar sein, wenn du Mist baust, ist dieser Obolus samt Verkäuferkonto weg. Verantwortlich für Lieferzeiten, Bewertungen und Kundenerfahrung bist du. Nicht dein Dropship-Hersteller aka faktischer Versender. Jammern hilft nicht! Du musst Verantwortung übernehmen, für die Entscheidung zum Dropshipping und für die Wahl dieses Lieferanten. Wenn du bemerkst, dass sich Probleme häufen, etwa keine aktuellen Lagerbestände, die zu Überverkäufen führen, oder häufige negative Produktbewertungen, dann musst du handeln. Artikel offline nehmen oder den kompletten Hersteller delisten! Amazon interessiert nicht, wer schuld sein könnte. Auch der böse Paketdienst ist nicht relevant. Auch wenn die Schuld wirklich bei diesem liegen sollte. Du haftest insofern für deinen Partner! Hart, aber die Wahrheit. Gerade, wenn du vorhast, die Bestseller in ein Amazon-Lager zu packen, dann muss dir klar sein: Ohne den erwähnten lückenlosen Einkaufsnachweis wird die Ware mit etwas Pech gesperrt und auf deine Kosten vernichtet. Darum darf deine Gier nie überwiegen. Kofferversteigerungen oder Insolvenzposten auf Palette sind sicher lukrativ, kosten aber bei einer Kontoüberprüfung deine Existenz! Das ist nicht verherrlicht, das ist Fakt. Darum nur beim echten Hersteller kaufen, darauf bestehen, dass bei jedem angebotenen Artikel klar erkennbar ist, welches Modell samt EAN-Code auf dem Lieferschein steht. 87 Sportschuhe, gemischte Größen – ist ein No-Go! Ebenso „Markensonnenbrillen bekannter Hersteller wie XYZ" – nein, nein, nein! Du bestellst schön sauber und transparent. Nur mit solchen Dokumenten kann man das Spiel auf Messers Schneide gewinnen! Artikel kopieren und mittels Prinzip Copy and Paste listen? Nein! Dann hast du meist eben nicht die Verkaufsberechtigung. Das ist so ein AliExpress-Obero-Phänomen. Nein, das ist kein Dropshipping, das ist eine Urheberrechtverletzung! Jeder deiner Lieferanten ist einzeln anzugehen. Jeder teilt dir schriftlich das Sortiment samt Verfügbarkeiten mit. Und alle garantieren die Echtheit der Waren. Erinner dich bitte an meine Liste im Kapitel Lieferantengesuch! Es ist wichtig, professionell zu bleiben. Jeglicher andere Ansatz wäre extrem fahrlässig, da es auf Verlangen keine Nachweise gibt. Deine Verkaufsberechtigung ist dann garantiert aufgehoben! Meinen Glückwunsch zum Konkurs!

Unterscheiden wir kurz eine Suspendierung und eine Sperrung. Die Suspendierung ist grundsätzlich drehbar, aber nur, wenn lückenlose Dokumente vorliegen. Bei einer Sperrung muss man ganz tief in die Trickkiste und ins Portemonnaie greifen! Wenn du Waren anbietest, gilt es, stets sichergestellt zu haben, dass du die Markenrechte samt Inhaber genannt hast. Markenname, Fotos, Logos zählen auch hierzu! Nur weil du Waren von einem Großhändler beziehst, darfst du nicht die Fotos verwenden! Das kann sein, muss aber nicht. Selbstverständlich ist das gewiss nicht. Oftmals gestatten die Hersteller dem Großhändler die Nutzung. Dieser kann die Rechte nicht an dich übertragen! Darum mein bekannter Rat: Order direkt beim Hersteller!

Spannend wird es, wenn eine Berechtigung nur bzw. in Kombination mit einem stationären Fachhandel erteilt wird. Da die wenigsten Dropshipper über ein Ladenlokal verfügen (wollen), haben wir hierzu auch eine Lösung erarbeitet. Wenn du dich für unser Fachhandelskonzept für Dropshipper interessierst, besuch unsere Website unter expertise.rocks. Im Menü findest du entsprechende Informationen.

Ein wichtiger Indikator dafür, ob dein Account gefährdet ist, stellen die Bewertung dar. Es kommt vor, dass Accounts mit 100 % positiven Bewertungen suspendiert oder gesperrt werden. Ein Problem kann der verwendete Wortlaut sein. Letzteres prüft kaum jemand, den ich kenne. Ein Fehler! Die meisten sind einfach nur froh, wenn eine positive Bewertung aufleuchtet. Ich verstehe dies, da gefühlt eh keiner das Bewerten mag und wenn, nur die Sorgenkinder. Aber genau das interessieren die Algorithmen nicht! Anspielungen können zum Problem werden. Hierzu ein Beispiel: „Originalkarton hat gefehlt." Banal? Mitnichten! Beispiel zwei: „Hätte von diesem Produkt mehr erwartet." Also selbst, wenn deine Kunden positiv bewerten, aber etwas mitschwingt vom Kontext der Semantik her, dann wird es kritisch! Ganz drastisch ist das, wenn es wirklich eine negative Bewertung ist und jemand schreibt: „Die Ware ist ohne Originalkarton angekommen." Selbst wenn das in der Beschreibung stehen mag, z. B, dass es B-Ware ist. So etwas sieht Amazon nicht gern! Wie gesagt, wenn das negativ bewertet wird, ist es sowieso schon extrem schwierig. Da sollte man auf jeden Fall seine Produktbeschreibung anpassen und überlegen, ob der Artikel vielleicht ganz rauskommt. Amazon möchte sehr kundenorientiert sein. Es macht keinen Sinn, zu argumentieren bzw. zu debattieren. Das ist der größte Fehler. Muss dann dennoch ein Maßnahmenplan geschrieben werden, empfiehlt es sich, stets in Deutsch und Englisch zu schreiben. Die E-Mails kommen fast nie in Deutschland bei Amazon an. Die internationalen Kollegen tun sich mit Englisch wesentlich leichter. Wir haben Tests vorliegen, die zeigen, dass identische Maßnahmenpläne in Deutsch abgelehnt und in Englisch genehmigt wurden. Seither senden wir immer nur in beiden Sprachen – sicher ist sicher. Ebenfalls wichtig zu wissen: Wenn du den Plan nachbessern darfst, dann sende stets komplette Sachverhalte. Viele senden nur das Update. Das Problem ist, dass fast nie derselbe Sachbearbeiter einen Fall zweimal zu Gesicht bekommt. Und etwas, was ich nie geglaubt habe, ist Tatsache: Amazon kann wohl weltweit die Dokumente nicht global zentral einsehen. Womöglich irgendwelche Manager in Führungspositionen schon, aber nicht der typische Mitarbeiter in der sogenannten Performanceabteilung. Darum stets vollständige Pläne in Englisch und Deutsch einreichen. Die Wahrscheinlichkeit, dass man entsperrt wird, steigt rapide an. Oftmals sagt Amazon nicht genau, warum du suspendiert bzw. gesperrt wurdest. Darum hilft auch die zehnte E-Mail nichts. Amazon möchte vielmehr, dass du deinen Shop auf den Kopf stellst und alle Schwachstellen findest. Auch dies ist so ein selbst-und-ständig-Ding. Es ist leicht, wenn man weiß, wonach man suchen muss, aber wenn man dies nicht weiß, dann wird klar, warum Beratungshonorare für die Entsperrung derart ins Geld gehen. Es bedarf eines großen Fingerspitzengefühls, mitunter muss man Hunderte E-Mails und Hinweise aus Monaten auswerten, um dem Problem auf den Grund zu gehen. In den letzten Jahren haben wir eine interne Problemliste erarbeitet, diese umfasst über 726 Punkte. An jeder dieser Stellschraube könnte es liegen! Verstehst du nun, was ernsthaftes Business meint? Amazon erwartet eine Kundenreklamationsrate von unter 1 %. Da spielt natürlich auch mit rein, wenn Kunden Waren zurückschicken via Widerruf. Und das ist bekanntlich ein ganz wichtiger Indikator. Dir als Verkäufer wird nicht wirklich die Möglichkeit gegeben, den Retourengrund angezeigt zu bekommen. Dies ist das Fatale, warum diese Falschangaben aka Markenfälschung etc. nur extrem schwer verifizierbar sind. Amazon hat die Fakten, du nicht! Wenn ein Kunde angibt: „Ich habe einen Artikel irrtümlich bestellt bzw. ich habe einen günstigeren Preis entdeckt", mag das in gewisser Form nicht kritisch sein im Hinblick auf eine potenzielle Suspendierung. Dennoch macht Kleinvieh bekanntlich auch Mist! Senden viele Kunden den gleichen Artikel zurück, etwa weil (angeblich) die Qualität ungenügend ist, wird Amazon hellhörig. Das kann dazu führen, dass nicht dein Account suspendiert wird, sondern der Artikel. Eine solche ASIN-Sperrung ist als Dropshipper nicht so schlimm, aber es kann die Existenz vernichten, wenn es ein FBA-Artikel ist. Denn ist die ASIN (Amazon Standard Identification Number) zum Verkauf gesperrt, ist die Ware für den Verkauf unsichtbar. Oftmals werden zwei Artikel, darum ASIN genannt, zusammengelegt. Dann kann es sein, dass sich über Nacht – ohne Ankündigung – die Artikelbeschreibungen samt Fotos ändern. Du kannst nichts dagegen tun, aber wenn dann die Kunden retournieren, weil die Angaben nicht mehr stimmen, bist du der Leidtragende. So kann es auch passieren, dass du plötzlich über Nacht keine Bildrechte mehr besitzt.

Amazon hat freilich auch einen Benchmark, das heißt, die wissen genau, wie zufrieden die Kunden durchschnittlich mit diesem Markenhersteller sind, mit dieser Art der Produkte. Und deswegen musst du höllisch aufpassen. Beispielsweise kann gesagt werden, Kartonagen sind beschädigt oder fehlen, das könnte theoretisch auf Fake-Ware oder vom Laster gefallene Ware hindeuten. Wenn du Originalware verkaufst, die permanent kaputte Kartonagen hat, könnte sich Amazon fragen, ob du die Vertriebsberechtigung hast oder ob du nur irgendwelche

Restposten billig gekauft hast und deswegen die Ware/Kartonage beschädigt ist. Also aufpassen! Ich will dir klar machen, dass es bei über 1 % Fehlermeldungen deiner Käufer eng werden kann und deine Quote sich täglich verändert. Wenn jemand sein Geld zurückholt und in der A–Z-Garantie womöglich schreibt: „Der Artikel ist beschädigt. Ich bin nicht sicher, ob das wirklich ein Original ist, denn die Kartonage hat gefehlt. Oder der Anhänger hat gefehlt ... das Label hat gefehlt etc.", gibt es eine Überprüfung.

FBA ist kein Selbstläufer. All diese Fallstricke kann es auch als „Nicht-Dropshipper" geben. Darum ist weder das eine Business besser noch das andere. Das muss hier gesagt werden. Man kann die Welten nicht vergleichen und einige Unterschiede haben wir in vorangegangenen Kapiteln bereits besprochen. Langfristig wird sich alleinig Qualität durchsetzen. Auch FBA-Verkäufer haben keine Detailstatistik. Keiner weiß, warum der Kunde wirklich (!) retour schickt, portofrei. Es gibt ein Tool, das dir helfen kann, Fake-Bewertungen aufzuspüren. Ich habe gehört, dass ca. 20 % aller Bewertungen auf Amazon gefaked sind. Mein folgender Tool-Tipp ist kostenfrei und wird dir sowohl als FBA-Verkäufer, als Dropshipper und als Käufer helfen. Es hilft dir beim Produktimport, bei der Auswahl deiner neuen Lieferanten und wenn du etwas kaufen möchtest. Halten wir fest: Amazon wird immer besser darin, Fakes jeglicher Art aufzuspüren. Frage: Wie naiv ist jemand, der zum Beispiel bei Facebook mit seinem echten Namen, mit dem er als Geschäftsführer registriert und im Impressum auffindbar ist, bei Amazon unter seinem echten Namen Produkte anbietet? Um dann zu sagen: „Hier, kauf mal dies und das und ich erstatte euch das Geld wieder." Ich hatte bereits darauf hingewiesen, dass Produkttests verboten sind. Und diese sind naiv-dumm dazu! Wie das ein Käufer erkennen kann? Wie kannst du als Verkäufer sicher sein, dass du keinen Mist anbietest? Du bist für die gute Qualität verantwortlich. Bevor ich dir alle Fakten offenlege, kommt noch ein Hinweis an alle, die gerne in Facebook-Gruppen Produktproben annehmen, um ein wohlwollendes Review zu verfassen! Es spielt keine Rolle, ob du dein Geld im Anschluss per PayPal zurückholst oder nicht. Schlaumeier denken, sie würden unerkannt bleiben. Da deine Stornoquote bei Amazon nicht unendlich belastbar ist, erstattest du per PayPal das Geld. Das ist jedoch ein Verstoß gegen die AGB, die eh keiner liest und alle laut schreien, wenn sie einem um die Ohren fliegen. Es ist verboten, Geld an einen Verkäufer zu zahlen bzw. Geld anzunehmen. Zahlungen sind ausschließlich über die Plattform abzuwickeln. AmazonPay only! Es werden dabei wiederkehrende Fehler gemacht: Etwa den Angebotslink zum echten Angebot von Amazon zu setzen. Allein das ist schon duselig, weil Amazon diesen Artikel respektive den Verkäufer blockieren und sperren könnte. Ich glaube, die meisten Leute sind sich dessen nicht bewusst, dass sie von Amazon gesperrt werden können. Sperrungen gibt es für Käufer und Verkäufer! Mich erreichen oft E-Mails wie: „Könnt Ihr uns wieder entsperren?" Ja, ja, solltest du je betroffen sein, helfen wir dir natürlich! Da geht es oft um das Thema Manipulation. Das geht doch alles subtiler. Etwa, indem ein Eigenname verwendet wird, wenn man im öffentlichen Impressum erscheint. Zu bedenken ist auch, ob mit einem Link gearbeitet wird (bitte nicht mit einem echten Amazon-Link). Dabei geht es um den Endcode. Das Problem beim Endcode ist, dass du vielleicht doppelt gelistet wirst und das ist gegen die Richtlinien von Amazon. Amazon ist sehr schlau darin, anhand von Fingerprint und IP-Adressen zu erkennen, wer wo was wie oft kauft. Oft hat man es dann mit fernöstlicher Ware zu tun. Das ist etwa im Kaufverhalten zu erkennen. Wenn jemand immer sehr hochwertige Artikel kauft, aber Bewertungen zu minderwertigen Importartikeln schreibt, fliegt der Account schnell auf. Man sollte daher die Nachhaltigkeit aus Verkäufersicht überdenken. Was bringen dir heute zwei, drei positive Bewertungen mehr, wenn dir dadurch vielleicht die ganze Existenzgrundlage entzogen wird? Mitunter schleichen sich Probleme unterschwellig an. Ich denke, kaum ein Käufer ist sich bewusst, dass eine neutrale Bewertung negativ gewichtet wird!?

Was kann dagegen getan werden? ReviewMeta ist die Lösung! Mit diesem kostenfreien Tool lassen sich auffällige Bewertungen schnell neutralisieren. Dabei prüft ReviewMeta Amazon-Nutzer auf ihre Vertrauenswürdigkeit, indem zum Beispiel die Anzahl, Regelmäßigkeit und die Durchschnittsbewertungen ihrer Feedbacks gescannt werden. Werden Fake-Bewertungen entdeckt, korrigiert ReviewMeta die Bewertungen und zeigt den „wahren" Wert. ReviewMeta bietet Amazon-Kunden und -Verkäufern eine spannende Transparenz. Nicht selten sinkt ein vermeintliches 5-Sterne-Produkt recht schnell auf 2,5 Sterne ab. Immer dann, wenn Fake-Bewertungen herausgerechnet wurden.

Auch der Verkäufer kann sich vor negativen Fake-Bewertungen schützen. Wenn sich Unregelmäßigkeiten beweisen lassen, muss Amazon die Bewertungen herausnehmen. Nicht selten manipulieren Wettbewerber die Angebote zum Nachteil. Darum ist eine solche Analyse in jedem Fall zu empfehlen. Zudem ist das ganze kostenfrei, denn ReviewMeta finanziert sich durch das Amazon-Affiliate-Programm! Spannend sind zudem die Browser-Erweiterungen, um direkt auf der Amazon-Seite die „echte Bewertung" einsehen zu können. Bei einer durchschnittlichen Amazon-Produktbewertung von 4,4 von 5,0 haben bereits kleine Abweichungen große Auswirkungen. ReviewMeta umfasst nach eigener Websitenangabe aktuell über 7 Millionen Kundenbewertungen, die ausgewertet werden können.

Wenn dein Kunde unpünktlich zahlt

Ich liebe Automatisierungen und ich hasse Dinge, die ich nicht planen kann. Kennst du das, wenn ein Kunde extrem spät bezahlt? Sicher! Und das Doofe ist, dass die Ware beim Hersteller dann nicht mehr vorrätig ist. Wir stornieren. Das ist wieder blöd, denn Amazon und Co. finden dies bekanntlich nicht toll und für unseren Cashflow ist ein Storno nicht schön. Die Lösung: In unserem Business gibt es keine unpünktlichen Zahler. Entweder sofort oder gar nicht. Amazon macht es vor. Erst, wenn das Geld da bzw. freigegeben ist, wird dir der Auftrag erteilt. Du musst liefern! Im eigenen Shop ist das immer wieder ein Problem. Wir arbeiten mit dem Payment-Anbieter Heidelpay zusammen. Dort kannst du aus über 200 Zahlungsarten aus aller Welt wählen. Die Lösung besteht darin, dass du nur automatische Zahlungsarten zulassen darfst. Damit schaltest du zum einen unpünktliche Zahler aus und automatisierst zum anderen deinen Workflow. Bitte bedenke: Am Anfang investierst du Zeit, um Geld zu verdienen. Aber sobald es in irgendeinem Bereich läuft, solltest du Geld ausgeben, um Zeit zu gewinnen, weil die Zeit nicht erneuerbar ist. Und darum keine manuellen Buchungen. Die Überweisung ersetzt du durch Sofortüberweisung. Es mag einige Prozent kosten, aber die Zeit kostet mehr. Wir haben unsere Academy beispielsweise komplett an den Zahlungsanbieter Digistore24 ausgegliedert. Wir zahlen dort etwas weniger als 8 % Transaktionskosten. Dies stößt stets auf Unverständnis. Warum bin ich bereit, im eigenen Shop so viel von meinem Umsatz und Gewinn abzugeben? Ganz einfach, weil ich nur eine bzw. maximal vier Abrechnungen (je Einstellung meinerseits) erhalte. Jede Buchung stellt also eine Sammelauszahlung in Form einer Gutschrift auf dem Konto dar. Wir müssen keine Rechnungen schreiben, uns nicht um derartigen Kundenservice kümmern, und bei all den Abos wäre es extrem aufwendig, alle Zahlungen und Laufzeiten zu überblicken. Überleg daher, wo du manuelle Payprozesse automatisieren kannst. Solange kein Geld gutgeschrieben ist, wird die Bestellung nicht bestätigt. Darum musst du auch keine Waren blocken. Es gibt keine unzufriedenen Kunden, die stornieren könnten, weil die Ware doch nicht mehr lieferbar ist. Automatisierung bedeutet Kostensenkung samt Verwaltungsminimierung und Gewinnerhöhung! Prüf daher deinen Shop auf die möglichen Zahlungsarten. Prüf auch neue exotische Payments wie Bitcoins. Kreditkarten gehören zum Pflichtprogramm. Nachnahme kann eine Option sein. Zahl bei deinem Lieferanten per Kreditkarte oder SEPA-Einzug. Überweisungen verursachen nur manuellen Buchungsaufwand. Minimier alles und prüf, ob du mittelfristig mit einem Factoring-Unternehmen arbeiten kannst. Dein Budget wird dann vorfinanziert. Dies kann mitunter sehr beruhigend sein. Insbesondere als FBA-Seller bzw. als Dropshipper, wenn du lieferantenseitig kein Zahlungsziel bekommst. Die Kreditkarte, du hast alle vier Möglichkeiten bereits kennengelernt, kann eine Lösung sein – ebenso wie besagtes Factoring. Recherchier den Begriff Factoring und prüf die Angebote, um mehr zu erfahren. Es gibt Anbieter, die auf Versandhändler und insbesondere Amazon-Seller spezialisiert sind. Ich denke hier an Amacash als Beispiel.

Als Dropshipper Amazon Prime-Verkäufer werden

Keine Frage, Prime ist ein Prädikat, das deine Abverkäufe maximiert. Ich habe dir bereits gebeichtet, dass selbst ich nicht immer so genau hinsehe und mich vom Prime-Logo blenden lasse. Dass der Verkäufer aus Fernost kam, hatte ich übersehen. Ich möchte dir daher in diesem Kapitel aufzeigen, wie du ein solches Prime-Zertifikat bekommen kannst, ohne FBA zu nutzen! Ja, du hast richtig gelesen, du musst keine Ware einkaufen und einschicken. Es gibt dennoch einen Weg, wie du als Dropshipper ein Prime-Verkäufer werden kannst. Wichtig ist, die Performance muss exzellent sein. Darum sieh diese Option als einen Meilenstein, der als Zielplanung auch Platz in deinem Businessplan finden sollte! Da auch du fortan die Treppe von oben kehren wirst, denk bereits jetzt wie ein Sieger! Differenzier dein Dropshipping-Sortiment von 99 % deiner Wettbewerber. Schaff neue Märkte, schaff eine neue USP. Doch wie funktioniert das? Grundsätzlich musst du ausgewählte Artikel in deinem Sortiment mit kostenlosem Premiumversand für Prime-Mitglieder anbieten. Welche Artikel das sind, verrate ich dir auf den folgenden Seiten. Nicht jeder Artikel ist für diese Anforderung geeignet. Auch das Eichhörnchen ernährt sich langsam. Du verstehst! Zusätzlich musst du den kostenlosen Standard-Retourenversand für alle deine Prime-Artikel aktivieren. Wie du bereits in den vorherigen Kapiteln erfahren hast, ist Kulanz auch ohne Prime ein guter Ratgeber! Versandetiketten für Bestellungen, die einen Prime-Artikel enthalten, müssen direkt bei Amazon gekauft werden. Das ist ein Vor- und Nachteil zugleich. Als Dropshipper hast du in aller Regel keinen eigenen Paketdienst. Aufgrund der geringen Menge, die du selbst versendest, bist du für alle Paketdienste eher Privatkunde. Uninteressant als Geschäftskunde. Für das Problem bei der Retourenlösung habe ich dir bereits einen Lösungsweg aufgezeigt, nun folgt der nächste.

Ob gut oder nicht, du bist gezwungen, das Versandentgelt direkt via Seller Central zu kaufen. Die Kosten sind meist höher als mit dem eigenen Tarif, aber geringer als der Privatkundentarif. Als Dropshipper sind wir vorgegebene Versandbedingungen gewöhnt, insofern ist dies einfach eine Tatsache, aber kein Nachteil! Grundsätzlich muss man ferner allen Anforderungen für Versand, Warenrücksendungen und Kundenservice zustimmen, die für Prime-Artikel gelten. Will sagen, Amazon kann auch auf eigene Faust Erstattungen im Kundensinne vornehmen. Da du sehr kulant vorgehen möchtest, ist auch dies kein Problem. Wir haben nur der Vollständigkeit halber darüber gesprochen. Relevant ist außerdem, dass sich die Versandadresse zwingend innerhalb Deutschlands befindet. Es kommen nur deutsche Lieferanten infrage. Wichtig ist, dass ganz Dropship-Style wirklich deine Lieferscheine benutzt werden. Amazon soll ja weiterhin glauben, wie deine Kunden ja auch, dass du wirklich der Versender bist! Da es dieses Prime-Programm auch auf den ausländischen Marktplätzen gibt, könntest du perspektivisch für jedes Land diese Standards erfüllen und somit nach und nach in allen Ländern die jeweiligen Großhändler als Prime durchgehen lassen. Als Verkäufer muss dein Konto zudem den Verkaufstarif „Professionell" ausweisen. Dies ist selbstredend, ich habe im Kapitel „Amazon FBA und Alternativen" vom Seller Central gesprochen – dies ist hiermit gemeint. In aller Regel bedarf es mindestens 200 Testbestellungen, damit Amazon deine Zuverlässigkeit überprüfen kann. Darum ist es unbedingt notwendig, dass du in den letzten 30 Tagen deine Kundenbewertungen auf einem Level von mindestens 4,5 Sternen pflegst. Die Stornorate für Bestellungen mit Premium-Versandoptionen sowie die Rate für verspätete Lieferungen müssen in den letzten 30 Tagen zudem unter 1 % liegen. Die Wichtigkeit sollte dir noch aus dem Kapitel der möglichen Suspendierungen im Kopf sein! Sieh es an dieser Stelle als freundlichen Reminder. Außerdem müssen mindestens 94 % deiner Bestellungen mit Premium-Versandoptionen in den letzten 30 Tagen eine gültige Sendungsverfolgungsnummer hinterlegt haben. Beachte bitte, dass du als gewerblicher Verkäufer immer haftest, sofern eine Sendung nicht ankommt. Diskussionen mit dem Kunden sind daher auch rechtlich Unsinn. Kam die Ware nicht an, bedeutet das Geld zurück oder Neuversand. Der Kunde hat immer recht! Man kann sich also durchaus die Frage stellen, ob dieser ganze Aufwand die Mühen lohnt. Hierzu ein klares JA. Prime-Produkte werden zum einen bevorzugt in der BuyBox sichtbar sein. Durch den garantiert schnellen Versand werden Prime-Produkte verstärkt positiv bewertet, dies wirkt sich wiederum in einer Verbesserung deiner Ranking-Situation aus. Ein vermeintlicher Vorteil ist zudem, dass keine Kosten für die Lagerung in einem Amazon-Lager anfallen (im Vergleich zu Prime mittels FBA). Ob die eigenen Kosten wirklich deutlich darunter ansetzbar wären, muss individuell geprüft werden. Als Dropshipper nicht wirklich relevant, da nicht beeinflussbar. Ein Vorteil sehe ich daher eher in der Warenlagerung. Man kann immer auf seine Bestände zugreifen, denn diese sind beim Großhändler. Gerade, wenn Amazon einmal das Konto sperrt oder suspendiert, sind die Bestände in Sicherheit. Somit fällt es leichter, auf Alternativ-Plattformen umzuorientieren. Achtung Fallstrick: Ein Beigeschmack haben meiner Meinung nach die Nicht-bundesweiten-Feiertage. Deine Kunden aus einem Bundesland, in dem kein Feiertag ist, erwartet eine pünktliche Lieferung. Das Problem ist, dass in deinem Versand-Bundesland mit Feiertag die Lieferung nicht abgeholt wird. Darum muss dir klar sein, werden zurückgesendete Prime-Artikel nicht innerhalb von zwei Werktagen bearbeitet und erstattet, passiert Folgendes. Der Amazon-Kundenservice ist berechtigt, nach eigenem Ermessen eine Erstattung zu gewähren und das Konto des Verkäufers entsprechend zu belasten. Da du der Verkäufer bist, spielt Amazon mit deinen Geldbeständen. Gerade zu Weihnachten können hier beachtliche Beträge zusammenkommen. Da Amazon das kundenfreundlichste Unternehmen der Welt sein möchte, ist Kulanz an der Tagesordnung! Da bekanntlich Amazon alles für seine Kunden macht, ist es nicht unüblich, dass Amazon „in Einzelfällen" auch eine Rücksendung von Prime-Artikeln akzeptiert, wenn die offizielle Rückgabefrist bereits überschritten wurde. Alles in allem dennoch eine Chance, nutz sie und gehör zu einer cleveren Minderheit!

Amazon FBA: Bereit für die Wahrheit?

Wir haben bereits über die Unterschiede zwischen Drop-shipping und FBA gesprochen. Ich habe einige Punkte bewusst zurückgestellt, denn oftmals glaubt man dies gar nicht. Gerade bei all den Erfolgspostings erscheint das Folgende unglaublich. Ich habe jahrelang selbst FBA betrieben, ich war komplett überzeugt. Doch dann bekam ich Angst. Existenzangst. Meine eigenen Erfahrungen möchte ich dir nicht vorenthalten. Es geht mir nicht um einen Vergleich zum Dropshipping. Ein gesunder Mix ist sicherlich ein guter Weg. Dennoch musst du die Wahrheit kennen, insbesondere, wenn du nur auf FBA setzen möchtest oder dies aktuell tust!

Fakt eins: In den meisten Fällen begrenzt dich Amazon schon bei der Nutzung von Versand durch Amazon ab Tag eins! Wie du nun weißt, darfst du niemals deine Einnahmen begrenzen. Doch genau dies tust du, bewusst oder nicht – es ist die Wahrheit. Beim Einlagern deiner Produkte haben die meisten Händler eine Einlagerungs-grenze von 5.000 Produkteinheiten – allerdings nur für Produkte der Amazon „Standardgröße"; für „Übergrö-ßen" stehen nur 500 Produkteinheiten zur Verfügung. Wenn du also diese Grenzen erreicht hast, wird Amazon weitere Artikel zum Einlagern ablehnen! Wachstum un-möglich! Das Bestandsmaximum wird einmal im Monat von Amazon überprüft. Wenn du in den letzten neun Wochen jede Woche mindestens 8 % deines Lagerbe-stands verkauft hast, kannst du einen Antrag auf „Lager-bestandsmaximum erhöhen" stellen. Ob dieser ange-nommen wird, liegt alleinig bei Amazon. Es ist ein russi-sches Roulette! Ich kenne viele Fälle, die mich direkt

194

oder indirekt selbst betroffen haben, wenn Amazon denkt, dass du zu groß wirst, wirst du ausgebremst! Wir wollten für einen Geschäftspartner vor einem Jahr groß in den Lebensmittelmarkt bei Amazon einsteigen. Der Plan war, je Produkt ein bis zwei Paletten bei rund 1.000 Produkten. Das war viel viel zu groß, der Plan konnte nie umgesetzt werden. Amazon hat den Account gesperrt! Das Hausrecht von Amazon sieht solche Abweisungen vor, rechtlich sauber. Aber für dein Business das Aus! Die meisten Händler erfahren dann: „Das Lager ist derzeit voll!" Natürlich besteht die Möglichkeit ... Man kann etwas tricksen, dies geht ins Geld und ist nicht unendlich skalierbar. Man kann zunächst beginnen, den Lagerbestand weltweit auszunutzen, denn deine Beschränkungen sind auf Länderebene. Dennoch sind wir bei fünf europäischen Marktplätzen recht schnell am Ende. Losgelöst davon gibt es immer wieder mal Produkte, die man entweder nicht im Ausland verkaufen möchte, verkaufen darf oder sich die Artikel in dem jeweiligen Land nicht verkaufen. Zumal die Anlieferung ins Ausland recht schnell ins Geld geht.

Klar, gibt es auch mal „Ladenhüter", wie es Amazon nennt. Dafür hat Amazon seine „Langzeitlagergebühr" eingeführt und damit Vorkehrungen getroffen. Diese wird jeweils am 15. Februar bzw. 15. August jeden Jahres geprüft. Eine Art Inventur. Zu diesem Zeitpunkt wird für alle Lagerbestandsartikel, die sechs bis zwölf Monate in Amazons Versandzentren gelagert waren, eine Langzeitlagergebühr in Höhe von 500 Euro pro Kubikmeter erhoben und für Artikel, die dort zwölf Monate oder länger gelagert waren, fällt eine Langzeitlagergebühr in Höhe von 1.000 Euro pro Kubikmeter an. Hast du diese Summen verinnerlicht? Und ja, man kann dies zuvor auslagern. Aber was bringt es dir? Wohin mit der Ware? Und nein, man kann sie im Anschluss nicht einfach wieder neu einsenden. Diese ASIN ist dann erst einmal gesperrt. Es kann ebenfalls passieren, dass Amazon einige Artikel nicht annimmt. Ich spreche hier nicht von Gefahrgut, sondern von normalen ungefährlichen Artikeln. Es kommt vor, dass Bestseller von einem auf den anderen Tag nicht mehr eingelagert werden dürfen. Ob es daran liegt, dass der Onlineriese nun diese Artikel selbst im Sortiment führt? Sicher nicht ...

Bei der Lieferscheinerstellung poppt mitunter ein Hinweis auf. Dir wird suggeriert, dass du gerade einen Ladenhüter einsendest. Führ dir vor Augen, dass dies nicht so sein muss! Es kann sein, dass du deine Artikel viel preiswerter als deine Konkurrenz verkaufst oder den Artikel bei Amazon oder außerhalb bewirbst. Deswegen bitte niemals pauschal davon abschrecken lassen!

Wir haben herausgefunden, dass dich Amazon bei der Warenannahme herabstufen kann, also dir eine niedrigere Priorität zuordnet und deine Einbuchung länger dauert als bei anderen Verkäufern. Auch hier wirst du (bewusst?) ausgebremst, da jeder gleich behandelt werden und seine Ware schnell wieder verkaufen möchte, um Geld zu verdienen. Natürlich bietet das FBA-Programm eine Menge Vorteile, wir haben im entsprechenden Kapitel darüber gesprochen. Für mich sind die Hauptaspekte, dass du dich nicht selbst um den Kundenservice kümmern musst und Amazon negative Bewertungen herausnimmt. Jedoch kannst du dich nicht langfristig nur mit FBA am Markt etablieren und nach Belieben skalieren, das sollte dir klar sein!

Mein Fazit: Wir haben jedes Mal gemerkt, dass Amazon irgendwann den Riegel vorschiebt. Selbstverständlich ist

Amazon ein großer Hebel und birgt Vorteile, doch man sollte zwingend eine zusätzliche Alternative griffbereit haben, um die Abhängigkeit zu mindern. Insofern schau dir beispielsweise den französischen Fulfillment-Partner Cdiscount an. Auf unserer Website findest du viele Beiträge zu dieser und weiteren Alternativen! Um etwas Fairness herzustellen, schließen wir dieses Büchlein mit dem Kapitel „Schattenseiten des Dropshipping" ab.

Schattenseiten des Dropshipping

Ich hoffe, du konntest etwas mitnehmen. Ich wünsche mir, dass du mit deinem Business maximalen Erfolg haben wirst. Ich liebe Dropshipping und ich bin Verkäufer von Herzen. Ich liebe, was ich tue! Dennoch ist nicht alles rosarot, ich denke, dies wurde klar. Genau das wollte ich mit diesem Buch erreichen. Ich möchte deinen Blick schärfen! Ich schließe daher meine Sichtweise auf den E-Commerce mit Dropship-Schwerpunkt mit diesem Kapitel ab. Die Schattenseiten des Dropshipping möchte ich dir nicht vorenthalten.

Zunächst sollte dir klar sein, dass du als Online-Händler einen maßgeblichen Teil deines Geschäfts aus der eigenen Hand gibst. Wenn du Only-Dropshipping betreibst, ist dies notwendig. Dies ist nur ein Fakt, kein Problem grundlegender Art. Mich hat das nie gestört, aber man muss sich klar werden, dass man nicht so einfach die Qualität überprüfen kann. Die Qualität der fremdversandten Ware kann nicht nur nicht mehr eingesehen werden, sondern auch seine Rügeobliegenheit gemäß Kaufleute (nach § 377 HGB) ist im Eimer. Doch dazu gleich mehr. Dennoch vertrete ich die Auffassung, dass dies kein K.-o.-Kriterium ist. Wenn du jemals ein eigenes Warenlager betrieben oder ein professionelles Logistikunternehmen besucht hast, fällt dir auf, dass sämtliche Artikel gut verpackt in Hochregalen verwahrt werden. Will sagen, es ist eine Illusion, dass die Artikel vor dem Versand manuell geprüft werden. Ich habe einige Jahre Fahrräder verkauft. Wir sind nicht im Hof Probe gefahren und haben jede Gangschaltung geprüft. Und auch zu meiner Kindermöbel-Zeit habe ich diese nicht vor dem Versand zum Testen montiert. Zugegeben, dies ist etwas spitz formuliert, aber der Sinn sollte klar sein. Ob die Ware bei dir, bei Amazon (auch via FBA) oder beim Hersteller mittels Dropshipping liegt, eine Warenkontrolle ist überall nötig! Dropshipping minimiert meist deine Gewinnmargen. Klar ist, wenn du Container-Mengen abnimmst, erhältst du viel bessere Einkaufspreise. Dafür hast du ein Abverkaufsrisiko samt Kapitalrisiko. Deine Sicherheit bezahlst du also mit schlechteren Einkaufspreisen. Als Dropshipper zahlst du als Umlage etwa in Form von Versandkostenpauschalen sämtliche Organisations-, Verpackungs- und Versandleistungen mit. Natürlich sparst du das eigene Lager samt Personal, also eine Rechnung, die jeder selbst machen muss. In meinen Augen geht sie auf.

Etwas unschön sind die Retouren, wir haben dieser Problematik ein ganzes Kapitel gewidmet. Klar, deine Kunden senden die Ware ohne gegenteilige Absprache mit deinem Dropshipping-Anbieter an dich. Und zwar im Grunde immer, egal, ob wegen mangelbedingter Reklamationen oder Rücksendungen durch Verbraucherwiderrufe. Unproblematisch ist das nicht, da du quasi gezwungen bist, ein eigenes kleines Lager zu betreiben oder dieses kostenpflichtig über einen Dienstleister zu regeln. Aber es gibt viele Handelspartner, die die Waren dennoch zurücknehmen, dann mit einer kleineren Gebühr für die Bemühungen. Man kann sich die Gesetzeslage nicht schönreden. Daher bleibt, die Retouren gehen in der Praxis immer zu deinen Lasten. Wenn der Hersteller diese im Einzelfall annimmt, hast du einen wirklich guten Lieferanten gefunden. Gerade darum empfehle ich nochmals, stets Kontakt zum Außendienst oder auf Messen zu suchen. In diesem Zuge kannst du gleich die Qualität der Ware überprüfen – zumindest stichprobenartig. Dann gibt es noch die lieben Preisabsprachen. In der Praxis kaum umsetzbar, der Gesetzgeber kommt einem in die Quere. Will sagen: Vertikale Preisbindungen, also zwischen Unternehmen unterschiedlicher Handelsstufen, sind nach § 1 GWB (Gesetz gegen Wettbewerbsbeschränkungen) verboten, da sie unzulässige Wettbewerbsbeschränkungen darstellen. Somit sind feste Preisvorgaben seitens deines Lieferanten an dich, den Letztverkäufer, nicht möglich. Ein Schlupfloch gibt es, es können Vorhaben zum Höchstverkaufspreis vereinbart werden. Grundsätzlich gilt, Vertriebsbeschränkungen sind nur in den teils engen Grenzen des Kartellrechts erlaubt. Dein Anwalt wird dich hier sicher besser aufklären können, wichtig ist, dass du weißt, welche Möglichkeiten es gibt bzw. welche nicht. Dem Thema Preisgestaltung und Märkte schaffen haben wir ja etwas Raum in den vorangegangenen Buchteilen gegeben.

Die Verpackungsverordnung kostet Geld und beinhaltet eine Reihe von Pflichten, insbesondere Rücknahmepflichten bezüglich der in Verkehr gebrachten Verpackungen. Darum ist sie zunächst als Nachteil zu sehen. Grundsätzlich gilt, wenn du als Online-Händler Waren aus deinem eigenen Lager an Kunden versendest, zählst du im rechtlichen Sinne als Vertreiber der entsprechenden Um- und Versandverpackungen. Nun bist du Dropshipping-Anbieter und dein Lieferant versendet, korrekt? So gesehen könnte man davon ausgehen, dass du nicht der Betroffene (= Löhnemann) sein wirst. Aber der Schönheitsfehler ist, dass du etwaige Retouren und B-Waren unter Umständen doch selbst weiterversenden musst. Dann bist du doch der In-Verkehr-Bringer. Klar, es sind wenige Pakete, aber die Mindestgebühr kann durchaus zu deinen Lasten gehen. Aus diesem Grund und wegen der rechtlichen Uneinigkeit habe ich es an dieser

Stelle als „potenziellen Nachteil" im Hinblick auf die Kosten notiert.

Auch der Datenschutz will beachtet werden. Ich habe früher mit meinen Dropshipping-Lieferanten (und heute mit Klick-Tipp und weiteren Partner) eine sogenannte Auftragsdatenverarbeitungsvereinbarung gemäß gesetzlichen Vorgaben § 11 BDSG geschlossen. In diesem Fall zählt dein Lieferant rechtlich gesehen (in Bezug auf das Datenschutzrecht) nicht mehr als ein anderes Unternehmen, sondern quasi als ein Teil („Abteilung") deines Unternehmens. Somit liegt keine Datenübermittlung an Dritte im Rechtssinne vor und es können keine datenschutzrechtlichen Probleme diesbezüglich entstehen. Du siehst, es bedarf etwas Arbeit, um auch die Verträge mit deinen Partnern sauber umzusetzen. Dies an sich ist kein reines Dropshipping-Problem, aber die Tatsache, dass du handeln musst! Dies ist vielen meiner Meinung nach nicht klar?! Mit anderen Worten kann Dropshipping dazu führen, dass du als Online-Händler auf einem finanziellen Schaden sitzen bleibst. Sei es durch mangelhafte Waren, ungeklärte Retouren, Abmahnungen oder aufgrund der Unsicherheit wegen der Verpackungsverordnung oder des Datenschutzes!

Bonus-Kapitel: Facebook als Marketingtool automatisieren

Ich gebe dir noch eine kleine Zugabe dein Marketing betreffend. Ich möchte nicht auf die Facebook Ads eingehen. Hintergrund ist, dass selbst die „sogenannten Bücher" sich dem Thema widmen. Ich möchte dir abschließend einen neuen Blick auf deinen Erfolgsweg geben! Fernab von Anzeigenwerbung bei Facebook gibt es gewisse Traffic- und Promo-Möglichkeiten. Konkret geht es mir an dieser Stelle um die Facebook-Gruppen. Ich selbst war zeitweise in über 200 Gruppen zu den verschiedensten Themen aktiv. Diese Gruppen sind ideal, wenn man etwas zu verkaufen hat. Als Dropshipper sollte dies der Fall sein. Quasi als Flohmarkt bzw. Kleinanzeigenmarkt-Alternative. Möchte man nun in verschiedene Gruppen denselben Inhalt posten, wird dies schnell zeitlich lästig. Und Zeit ist kostbar, das haben wir mehrfach geklärt, ebenso meine Liebe zur Automatisierung. Und genau für diesen Fall gibt es automatische Abhilfe. Die Rede ist vom Gruppenposten aus der Cloud. Dabei ist es egal, auf welchem Fleckchen der Erde du gerade aktiv bist. Das ideale Tool also für uns ortsungebundene Unternehmer. Dein Facebook-Poster kann überall, am Desktop-PC, Tablet oder am Smartphone im Browser genutzt werden! Außerdem ist das Tool in Deutschland entwickelt worden, das bedeutet deutschen Support, deutsche Benutzeroberfläche in der Cloud und viele Tutorial-Videos. Was genau kann das Tool? Die sogenannte nwCloud kann in Facebook-Gruppen, auf deinen eigenen Fanpages sowie auf allen Fanseiten, die du jemals geliked hast, posten! Natürlich ist es auch möglich, auf deiner eigenen Profilseite voll automatisiert Beiträge zu veröffentlichen.

Da es sich um eine Cloud-Lösung handelt, kann das Tool auch dann posten, wenn du offline bist. Plan einfach deine Beiträge samt Wunschuhrzeit. Du kannst deine Beiträge sehr individuell gestalten. Möglich sind klassische Text-Postings, also kurze Nachrichten-Staties, aber auch ein Bild-Format mit Text, und optional ist ein Link in der Beschreibung möglich. Wenn du wie ich Video-Inhalte hast, kann der Gruppenposter auch diese automatisch teilen! Starte jetzt mit deiner Zeitersparnis. Das Tool kann so erworben werden, dass dir keine Folgekosten, also keine monatlichen Kosten entstehen. Probier es aus und nutz deine neu gewonnene Zeit für dein Business, deine Familie oder Hobbys!

Abschließend fällt mir ein: „Wer genug Geld hat, um das Problem zu lösen, hat das Problem nicht."